KB205491

지하철에서 읽는 ―― 사도신경

지하철에서 읽는 사도신경

윤석준 글 | 한동현 그림

퓨리탄 리폼드 북스

목차

추천사

『지하철에서 읽는 사도신경』은 제목부터 우리의 관심을 끕니다. 우리는 예배 시간에 사도신경을 종교적 행사의 한 순서로 생각하고 지나갑니다. 그런데 저자는 사도신경을 고백하는 것이 우리의 일상생활과 어떻게 연결되는지를 이 책에서 다룹니다. 출퇴근 시간에 떠밀려서 '지옥철'을 타고 살아가는 현대인들에게 사도신경의 열두 조항이 무슨 의미가 있는지를 친절히 제시합니다.

이 책은 두 가지 점에서 사도신경을 잘 해명하여 줍니다. 첫째, 삼위일체 하나님께서 행하신 일을 고백하는 사도신경을 해설하면서 삼위 하나님에게 우리의 눈을 돌리면서 묵상하게 합니다. 하나님을 향한 그 묵상은 우리의 삶을 변화시키는 데로 인도할 것입니다.

둘째, 개인적인 신앙생활에 익숙한 우리에게 교회 공동체의 아름다움을 일깨워 줍니다. 열두 조항을 해설하는 데에서도 교회의 아름다움이 전제되어 있고, 특히 '죄 사함'의 고백을 교회와 연결하여 가르치면서 우리로 하여금 개인주의적인 신앙에서 벗어나오도록 인도합니다.

일러스트와 함께 사도신경의 열두 조항을 친절히 해설한 이 책은 세상의 물결에 떠밀려 다니는 우리에게 삼위 하나님을 바라보게 하고 모든 성도들과 함께 교제를 나누게 합니다. 그리고 믿음으로 서로를 격려하면서 삼위 하나님께 나아가게 합니다.

김헌수 교수 (독립개신교회 신학교 교장, 구약학)

신학의 일상화—이것은 사실 모든 신자에게 요구되는 일이다. 신앙이 생활 속에서 그것의 증거를 나타내지 않으면 그 신앙은 모호하기 때문이다. 이 때 신학의 일상화가 필요하다. 『지하철에서 읽는 사도신경』은 바로 이 절실한 필요와 어려운 난제를 해결하는 길을 열어 보인다. 사도신경에 담긴 기독교 신앙의 요체를 쉽게 접근하도록 풀어준 이 책은 특별히 핵심을 요약하여 제시하는데 아주 뛰어나다. 특별히 전철에서 한 장씩 읽어가며 적용을 위한 묵상으로 이끌어가는 편집도 훌륭하다. 이 책을 손에 들고 전철 안에서 읽어가는 여러분은 아마도 다른 이에게도 일독을 권하게 될 것이다.

김병훈 교수 (합동신학대학원대학교, 조직신학)

우리는 예배 때마다 사도신경을 고백함으로써 공교회 성도로서 우리 자신을 확인한다. 확인된 우리의 정체성은 일상과 창조세계 전체를 향한다. 이 책은 사도신경 고백의 한 구절 한 구절을 일상에서 시작해서 묵상으로 마감하고 있다. 그리고 그 가운데는 묵직한 교회 역사, 성경, 신학의 기둥들이 세워져 있다. 이 책 한 권으로 우리는 언제 어느 곳에서나 참된 신앙고백으로 연결되는 지하철을 탈 수 있게 될 것이다.

김재윤 교수 (고려신학대학원, 교의학)

사도신경에 대한 다양한 해설서를 읽어보았지만, 이 책만큼 참신하면서도 내용이 알찬 작품은 처음 봅니다. 책을 펼쳐본 독자들은 아마도 그 안에 실린 멋지고 독특한 그림들에 먼저 호감을 느끼실 것입니다. 저 역시 그랬으니까요. 하지만 내용을 좀 읽어보면 이 책이 단지 '그림책'이 아니라는 것을 금방 알게 됩니다. 그림만큼이나 책의 내용이 아주 심오하고 아름답습니다.

이 책에는 사도신경의 각 항목에 대한 오해를 걷어내고 올바른 이해를 심어주고자 하는 노력이 가득 담겨 있습니다. 책을 읽으면서 가장 놀란 것은 성경을 아주 능수능란하게 해석하는 저자의 주석 능력입니다. 이는 오랫동안 오로지 말씀에만 천착하여 설교를 전한 목회자가 아니라면 흉내 내기 힘든 실력입니다. 저자는 구약과 신약을 연결시켜 성경에 드러난 구원역사를 꿰뚫어 보여주고 있습니다. 또한 그리스도를 중심으로 성경을 해설하면서도 삼위일체적 관점이 잘 드러나도록 하는데, 이것은 사도신경이 가진 특징을 반영한 것입니다. 성경에 나오는 여러 이미지들과 상징들의 의미를 차근차근 설명하는 저자의 친절한 안내를 받으면서 어느덧 성경의 깊은 세계에 들어가 있는 우리를 발견하게 됩니다. 기독교 교리의 핵심과 성경 주석이 이토록 탁월한 수준에서 결합된 작품은 드물 것입니다. 저자의 독서의 깊이와 너비 역시 감탄할 정도입니다. 이 책을 읽는 분들은 사도신경의 묵직한 진리를 마음속 깊이 고민하고 느끼고 묵상하게 될 것입니다. 그리고 기독교 진리의 풍요로움에 행복과 기쁨을 누릴 것입니다. 한 마디로 이 책은 영혼의 체질을 바꿔주는 1급 신앙 서적입니다.

우병훈 교수 (고신대학교, 교의학)

『지하철에서 읽는 사도신경』은 과거의 보편 공교회 신경과 덜컹거리는 지하철에 몸을 실은 일상의 현대인들 사이에 존재하는 '간극'을 효과적으로 이어주고 있습니다. 깊은 묵상에서 비롯된 번뜩이는 통찰력, 사도신경에 대한 기존 이해를 보다 더 깊고 풍성하게 만들어주는 글솜씨, 적재적소에 위치한 의미 충만한 일러스트의 향연이 책의 품격을 한층 더 드높이고 있습니다. 이 책은 그리스도의 '보편적 몸'을 경험하길 원하는 모든 일상의 그리스도인들에게 가장 효과적이고도 유려한 진리의 통로가 될 것입니다.

박재은 교수 (총신대학교 신학대학원, 조직신학)

우리는 매 주일 예배 때 마다 사도신경으로 신앙을 고백한다. 하지만 각 고백들에 담긴 교훈들에 대해서 정확하게 알지 못하는 것이 현실이다. 이 책은 사도신경이 가르치는 교훈의 의미를 정확하게 밝혀준다. 뿐만 아니라 각 고백들이 우리의 일상에 어떻게 적용 되어야 하는지를 가르쳐 주기도 한다.

책을 읽어가면서 마음이 부풀어 오르는 느낌을 받았다. 매 단원들이 끝날 때마다 기도를 하고 싶었고 찬송을 하고 싶기도 하였다. 책으로 나오면 성도들과 강독을 해야겠다는 생각도 물론이다.

마치 맛있는 음식을 곱씹듯이 이 책의 내용들을 잠잠히 읽어가기를 바라본다. 그러면 이 세상의 악한 풍조들에 저항할 수 있는 힘이 솟아나는 것을 깨닫게 될 것이고, 하나님을 더욱 찬송하게 될 것이다.

이상철 목사 (마산성막교회)

"사도신경이 책이 되어 날개를 달았다!"라고 한다면 그 표현이 문제가 될 것인가? 그동안 딱딱하게 암송(낭독)되었던 사도신경의 한 문장 한 문장을 성경에 근거한 탄탄한 설명과 함께 멋진 일러스트로 그 이해를 도와서 풀어내었다. 다음 세대들이 읽어도 충분히 이해가 될 만큼.

만약 이 책을 지하철에서 읽게 된다면 하차할 역을 지나치게 될 것을 주의해야 할 만큼 매력에 빠지게 될 것이다.

하대중 목사 (더워드/The Word 대표, 울산 섬김의 교회)

복음의 신비와 성경 전체의 핵심을 삶으로 가져와서 곱씹게 만드는 멋진 책이다.

믿음이 모호해진 시대에 삼위 하나님을 믿고 고백하는 삶이 무엇인지 진지한 고민과 도전을 던진다. 다음 세대와 부모, 그리고 많은 성도들이 이 책을 통해 삼위 하나님을 만나고 교제하는 복을 맛보고 누리길 기대한다.

김현준 목사 (새순교회)

Prologue

"덜컹 덜컹"

"시청 앞 지하철역에서 너를 다시 만났었지 신문을 사려 돌아섰을 때 너의 모습을 보았지……살아가는 얘기, 변한 이야기, 지루했던 날씨 이야기……"(동물원, "시청 앞 지하철 역에서")

누군가는 화장을 하고 누군가는 유튜브를 봅니다. 누군가는 허리를 숙이려다 옆 사람의 발을 밟고 누군가는 여자친구의 가방까지 두 개를 포개어 멥니다. 어떤 사람에게는 허겁지겁 우유에 시리얼을 말아먹고 뛰쳐 나와 빽빽한 사람들의 공간 속에 몸을 밀어 넣은 정신 없는 출근 시간이지만, 다른 어떤 사람에게는 밤새 당직을 선 후에 퇴근하는 시각에 잠깐 가볍게 눈을 붙이는 달콤함입니다.

지하철에는 '일상'이 있습니다. 그리고 이 일상의 장소인 지하철에는 온갖 종류의 사람들의 저마다의 색채가 가득 들어 있습니다. 지하철은 그야말로 우리 인생이 가진 온갖 다채로움의 향연을 모조리 담고 있는, 박물관 같은 곳입니다.

지하철이 '일상의 박물관'이기 때문에 이를 관찰하는 것은 우리에게 못내 커다란 호기심을 자극합니다. 하지만 이렇게 들여다본 박물관에서 우리는 금세 무언가를 발견하게 됩니다. 이 일상의 박물관 속 사람들이 상당히 '떠밀려가고 있다'는 것을 말입니다.

우리는 발견하게 됩니다. 흐릿한 눈으로 인터넷 기사를 읽고 있는 중년 아저씨로부터 손이 보이지 않을 정도로 채팅창을 난타하는 여고생과, 출근 시간 찰나의 짬을 내어 밀린 무한도전을 시청하고 있는 젊은 세일즈맨에 이르기까지 사실은 주체적 삶을 살아간다기보다 상당히 떠밀려가고 있다는 사실을 말입니다. 겉으로 보기에는 자기가 선택하고 자기가 원하는 일을 하고 있는 것 같지만, 거기 진정한 의미에서의 자유가 있다기보다는 '삶의 피동성', 곧 자기의 삶을 자기가 결정하는 방향으로서의 분주함이 아닌, 어쩔 수 없이 살아 떠밀려가기 때문에 선택한 것들로 가득한 일상을 보게 되는 것입니다.

결국 우리는 지하철 안의 사람들을 살피는 일을 통해 '난감한 비밀'을 발견하게 됩니다. 바쁘고 겨를 없고 또 어떤 때는 치열하고 급한 삶을 살아가고 있는 것 같지만 사실은 떠밀려가고 있는 삶, 누구도 잘 알아채지 못하지만 결국에는 관성에 따라 살아가고 있는 삶, 우리는 지하철 안의 이 다채로운 인생의 향연들에서 씁쓸한 진리를 발견하게 되는 셈입니다.

이런 연유로 지하철에서 '묵상'을 떠올리는 것은 유쾌한 반란이 됩니다.

'묵상(meditatio)'이란, 자신을 저 넓디넓은 진리의 품 안으로 풀어 놓는 것을 말합니다. 옛 선배들은 '콘템플라치오(contemplatio, 관조, 명상)'와 '메디타치오(meditatio, 묵상)'를 구분했는데, 콘템플라치오가 '자기 내면으로 침잠하는 것'이었다면 메디타치오는 '내 바깥에 있는 진리에 귀를 기울이는 것'이었습니다. 곧 그리스도인에게 묵상이란, '나에게 빠져드는 것' 대신에, '참 진리이신 그분께 빠져드는 것', '내 속'을 들여다보는 대신에, '그분의 진리'를 들여다보는 것을 말합니다. 한계를 가진 인생에서 한계가 없는 그분께로 자신의 존재를 높이 들어 올리는 것! 그것이야말로 '묵상'이라 할 수 있습니다.

그래서 '지하철'과 '묵상'은 대립되는 개념입니다. 지하철은 인생을 보여주고, 인생의 관성을 보여주고, 휩쓸려감과 떠밀려감을 보여줍니다. 하지만 묵상은 우리 속에 살아계신 성령님께서 우리를 저기 하늘에 있는 그분께로 들어 올려주시는 기이한 신비가 시작되는 행동인 것입니다.

그렇다면 '지하철에서 하는 묵상'이란 기이한 모순입니다. 떠밀려가는 우리가 이제 자유로워져서 참 진리인 하나님 속으로 들어가는 일, 그것이 바로 지하철 안에서의 묵상인 것입니다! 우리는 일상만이 가득했던 공간에서 자신을 하나님 속으로 풀어놓음으로써 참 자유가 무엇인지를 과연 얻게 됩니다. 이것은 타성의 공간 속에서 놀라운 자유의 공간으로 나를 들어 올리는 기이한 행위입니다.

사도신경은 고대로부터 어떤 사람이 그리스도 교회의 일

원이 되는 것, 곧 '신자'가 되기 위하여 반드시 알아야만 했던, 반드시 고백해야만 했던 진리들을 일목요연하게 정리한 것입니다. 모든 시대의 모든 교회가, 모든 그리스도인들이 공통적으로 이 진리를 고백했기 때문에 이 진리를 함께 고백하는 이들을 우리는 가톨릭(Catholic), 곧 '보편 교회', 혹은 '공(公)교회'라고 불렀습니다. 말하자면 그리스도인이 그분의 '보편적 몸' 속에 들어가 있다는 것을 가장 현저하게 알려주는 것이 바로 이 사도신경입니다.

사도신경의 묵상 한 다발을, 지하철을 타고 덜컹거리고 있는 여러분들에게 선물로 드립니다. 매일 매일의 실려 가는 삶 중에 하나님의 진리에로 자신을 들어 올리는 일을 오늘부터 시작해 보십시오.

2022년 6월, 세상을 요동치게 했던 코로나의 끝자락에서

지하철 속에서 흔들리고 있는 이들에게

윤석준, 한동현

제1장

전능하신 성부 하나님 천지의 창조주

"나는 전능하신 하나님 아버지,
천지의 창조주를 믿습니다."

전능하신 아버지

"전능하사 천지를 만드신 하나님 아버지를 내가 믿사오며"

눈을 감으면 자동으로 나오는, 교회를 좀 다닌 사람이라면 누구나 외고 있는 우리말 사도신경의 옛날 버전입니다. 그런데 여러분은 이렇게 눈만 감으면 술술 나왔던, "하나님께서 전능하시다"라는 말의 의미를 진지하게 생각해 보신 적이 있습니까? 하나님의 전능이란 단지 저기 객관적으로 계신 분의 대단하신 능력을 그저 말하는 고백일까요? 우리는 이 "전능하신 하나님"의 고백에서 어떤 가르침을 얻어야 합니까?

옛날 버전과는 약간 달라진, 새로 번역된 사도신경에는 이 부분이 이렇게 되어 있습니다('음부 강하' 교리 등으로 인해 고신 교단의 번역본을 사용했습니다).

"나는 전능하신 하나님 아버지, 천지의 창조주를 믿습니다."

얼핏 보면 비슷해 보여도 두 번역은 완연한 차이가 있는데, 라틴어 사도신경에 따르면 새롭게 번역한 사도신경이 더

וַיַּרְא אֱלֹהִים
כִּי־טוֹב׃

정확하다고 할 수 있습니다. 옛 번역과 새 번역의 제일 큰 차이점은, 옛 번역에서는 "전능하사"가 "천지를 만드신"에 걸리고, 새 번역에서는 "전능하신"이 "하나님 아버지"에 걸린다는 점입니다. 말하자면 옛 번역은 "전능하셔서 천지를 만드셨다"고 말함으로써 전능이 **'창조 행위와'** 연관되었고, 새 번역은 "전능하신 아버지"로 하나님의 전능이 그분의 **'아버지 되심과'** 연관되었습니다.

이 작은 차이점이 가져오는 "전능하신"의 의미를 묵상해 봅시다.

칼 바르트는 이를 이렇게 설명했습니다.

> "**'전능하신'**이라는 개념이 **'아버지'**라는 개념으로부터 그 빛을 받으며 **그 역이 아니다**……즉 **신적인 전능의 행동은 하나님의 아버지 되심의 계시**이다." (칼 바르트, 『사도신경 해설』에서)

우리가 하나님을 "전능하신" 분이라고 할 때, 이 "전능"을 옛 버전의 사도신경처럼 단지 그분의 일에 걸리는 것으로 읽으면, 하나님의 전능이란 비인격체인 **'창조라는 행위'와 연결될 뿐**입니다. 이렇게 하면 하나님은 참 대단한 분은 될 수 있을지 몰라도, 나와는 별반 상관이 없는 분이 되고 맙니다.

DANGER

월가(wall street)의 부자가 내 삼촌이 아니라면 나에게는 아무런 득이 없는 것과 마찬가지입니다. 그야말로 "전능하신 하나님"이란 저기 객관적으로 뛰어난 능력을 가진 신이 될 뿐인 것이지요.

하지만 원래의 사도신경이 말하고 있었던 사실, 곧 하나님의 전능이 '우리의 아버지 되심'과 연결된 것이라고 이해한다면, 그때 하나님의 전능이란 단지 '객관적인 뛰어난 능력'이 아니게 됩니다. "하나님이 전능하시다"라는 선언은 "**그분이 아버지시니** 자녀들을 위하여 모든 것을 해 주실 수 있다"는 선언이 되는 것입니다. 바르트의 해설처럼 참으로 "신적인 전능의 행동이란 하나님이 우리 아버지 되신다는 계시"입니다.

그렇습니다. 하나님이 전능하시다는 의미는 그분이 '온갖 일을 행할 수 있는 무한한 능력자'라는 객관적인 개념이라기보다 그분이 **'우리를 위하여'** 온갖 일을 하신다는 의미입니다. 바로 이것이 사도신경의 "전능하신 성부 하나님"의 의미입니다.

주님께서는 이 하나님을 이렇게 가르치셨습니다.

"너희가 땅의 악한 아비들이어도, 자식들에게 좋은 것을 줄

줄 알거니와, 너희 아버지께서 너희에게 좋은 것을 주시지 않겠느냐?"(마 7:11)

그리고 우리는 알게 됩니다. 이 하나님의 전능이야말로 **자신의 친아들을 우리를 위하여 보내신 동력이 되셨다는 것**을 말입니다. 하나님의 진짜 전능은 슈퍼 히어로와 같이 온갖

일을 행하는 데서 드러났다기보다 자기의 외아들까지라도 우리에게 주시는 데서 드러났던 것입니다!

창조와 섭리의 아버지

그러므로 우리는 이 하나님께서 세상을 창조하셨다고 믿을 때, 그분이 단지 '과업'을 이행하셨다고 믿지 않습니다. 하나님은 **자녀를 위한** 세계를 지으셨고, **자녀를 위하여** 세계를 돌보십니다.

그분이 지으신 것을 보통 **'창조'**라고 하고, 창조된 세계를 돌보시고 계신 것(매니지먼트)은 **'섭리'**라고 합니다. 즉 "전능하신 하나님 아버지, 천지의 창조주"라고 말할 때, '지으셨다'는 점에서 창조를 말하고, '유지하신다'라는 점에서 섭리를 말하는 것입니다. 그렇다면 '창조' 그리고 '섭리'는 **그분의 아버지 되심이 이 세계 속에 발현되는 방식**입니다.

바울 사도는 아테네에 갔을 때 "온 성에 우상이 가득한 것을 보고"(행 17:16), 또 "알지 못하는 신에게"(23절)라고 까지 쓰여 있는 것을 보고는, 하나님을 알지도 깨닫지도 못하는 이들에게 하나님을 소개하면서 이렇게 이야기합니다.

"우리가 그를 힘입어 살며 기동하며 존재하느니라"(행 17:28)

너희가 내 안에 내가 너희 안에

"살다" : 생명

"기동하다" : 움직임

"존재하다" : 존재

이 말씀을 통해 우리는 이 세상의 모든 것들이 어떤 방식으로 '생명을 얻고', '활동하며', '존재할 수 있게' 되는지를 깨닫게 됩니다. 우리는 누구이며, 어떻게 살고, 어떻게 존재할 수 있게 된다는 것입니까?

우리는 **그분을 힘입어** "살고", **그분을 힘입어** "움직이며", **그분을 힘입어** "존재"합니다. 이것이 성경이 가르쳐주고 있는 **'창조하신 아버지'께서 여전히 세상을 '섭리하고 계신다'**는 의미입니다. 해가 뜨고 지는 것, 너울이 일고 바람이 부는 것, 산새들의 지저귐과 폭포수의 요동치는 물소리까지, 그분을 통해 '존재하지/유지되지' 않는 것이 없습니다. 우리는 "그분 안에서 살고, 움직이고, 존재하는 이들"입니다. 우리의 생명도, 우리의 움직임도, 우리의 존재도, 모두 '그분 안에', '그분께 힘입어' 있습니다. 생(生)과 사(死) 모두가, 정(靜)과 동(動) 모두가, 우리 존재의 유(有)와 무(無) 모두가 다 그분의 손에 달려 있습니다. **우리는 세상에 내던져지지 않았습니다!**

창조와 섭리를 믿는 그리스도인

어떻습니까?

나는 "전능하신 하나님, 천지의 창조주"라는, 아주 오래된 고백을 입으로 되뇔 때마다 무엇을 생각했습니까?

나는 이 사도신경의 고백이 '화석화된 것', 즉 '내 삶과는 그다지 관계없는 것', '그저 교회에서 습관적으로 말할 뿐인 것'이라고 여기면서 살아가지는 않았습니까?

그리고 '창조와 섭리'라는 주제를 대할 때 나는 어떠했나요?

나는 단지 하나님이 세상을 지으시고 돌보신다는 사실을, '비인격적 실체', 곧 단순히 물질 세계를 어떤 대단히 능력 있는 존재가 지으셨다는 생각뿐이었거나, 창조를 믿는다는 것을 그저 '진화론을 부정한다'는 정도로만 생각하지는 않았나요?

우리는 "전능하신 하나님 아버지 천지의 창조주"라는 고백에서, **'우리의 아버지'를** 발견합니다. 그분의 친절하신 손을 발견합니다. 그리고 **'창조'**하신 그분께서 지금 내 삶도 **'섭리'**하고 계신다는 것을 고백합니다. 창조를 믿는다는 것은, 나의 존재의 모든 것이 오직 그분께만 기대 있다는 의미입니다. 그분에게만 오직 나의 모든 의미가 존재합니다.

사람은 밥을 먹고 살지만,
밥을 먹기 위해 사는 것은 인간이 아닙니다.
당신은 어떤 의미에서 그리스도인입니까?
당신은 어떤 의미에서 '창조'와 '섭리'를 믿습니까?

지하철에서 내리기 전에, 잠깐 묵상

오늘 나의 일과는 무엇입니까/무엇이었습니까?
나의 일과는 '그분의 손 안에' 있습니까? 그리고 나는 하루를 그분의 플레이그라운드 위에, 그분의 조율과 지휘 가운데 살고 있습니까?
이 말씀을 다시 묵상하며 하루를 시작/마무리합시다.

"우리가 그를 힘입어 살며 기동하며 존재하느니라."
(행 17:28)

제2장

예수가 그리스도시다

"나는 그분의 독생자
우리 주 예수 그리스도를 믿으오니"

שְׁמַע יִשְׂרָאֵל יהוה
אֱלֹהֵינוּ יְהוָה אֶחָד

이스라엘아 들으라 우리 하나님
여호와는 오직 유일한 여호와이시니

신명기 6:4

이웃 사랑

수도원 운동 직전의 은둔 수도사들의 이야기에는 놀라운 점들이 있습니다. 마카리우스는 일주일에 한 번만 밥을 먹었다고 하고, 잠도 선 채로 장대에 기대서 잤다고 합니다. '주상(柱上) 성인'으로 알려진 시므온은 10미터 높이의 기둥 위에서 기도와 금식과 설교만으로 36년 동안을 지냈습니다. 알렉산드리아의 이시도루스라는 사람은 훗날 낙원에서 먹게 될 자가 짐승처럼 물질을 먹는 것이 부끄러워 식탁에서 자주 눈물을 흘렸다는 이야기가 전해지고 있습니다.

이들의 이야기는 참 놀랍습니다.

하지만 이들의 이런 이야기가 놀라운 것은 정말 성경적인 위대함 때문이었을까요? 그렇지 않으면 단지 일반 사람들과는 다른, 비범해 보이는 점 때문이었을까요? 필립 샤프는 은둔 수도사들에 대해 이렇게 말합니다.

"이들은 성경의 선례보다는 이교의 선례에 훨씬 더 가깝다. 큰 명성을 날린 대다수 사막의 성인들은 기독교 신앙고백과 기계적으로 암기한 몇몇 성경 구절을 제외하면 불교의 고행자들과 이슬람교의 탁발승들과 다를 바 없었다. 그들이 내세운 높은 덕목은 스스로 고안해 낸 육체 훈련 위주로서, 거기서 사랑을 찾아보기 힘들었으며, 기껏해야 영적 허영심을 만족시킬 뿐, 복음이 가르친 구원의 도리를 완전히 흐려놓는 경우가 대부분이었다."(필립 샤프, 『교회사 전집 3: 니케아 시대와 이후의 기독교』에서)

결국 이들의 비범함이란 다른 종교들에도 존재하는 단지 '종교적인' 비범함이었을 뿐 성경적인 것이라고 할 수는 없습니다. 그리고 샤프도 지적하고 있듯, 이들의 이런 종교적 비범함에는 꼭 잊지 말아야 할 주제가 한 가지 더 있는데, 그것은 **그들에게 이웃이 없었다**는 사실입니다(모든 수도사들이 그

DAKS
WATER COLOUR

랬다는 의미는 아닙니다). 이들은 끊임없이 자신의 몸을 괴롭히고 학대하면서 천상의 기이한 것을 사모했지만, 사막 한가운데 외따로 떨어져 살아가던 저들에게는 정작 주님께서 말씀하신 '균형'은 없었습니다.

"둘째도 그와 같으니, 네 이웃을 네 자신 같이 사랑하라 하셨으니"

(주님께서 두 번째 돌판을 첫 번째 돌판과 "같다"고 하신 데 주의합시다)

실제로 훗날 교부가 된 어떤 수도사는 은둔 수도사의 생활을 접은 이유를 이렇게 말했다고 합니다.

"사막에는 사랑할 이웃이 없다."

결국 "경건이란 무엇인가?"라는 주제, 혹은 "하나님께서 기뻐하시는 삶은 무엇인가?"라는 주제에서 '이웃 사랑'이 빠져 버린다면, 그것은 고도의 종교(참선하는 스님과 같은)는 될 수 있을지 몰라도, 성경적 기독교는 될 수 없을 것입니다.

그리스도

'그리스도'라는 말은 '기름 부음을 받은 자'라는 뜻입니다.

이 말은 신약성경 언어인 헬라어 단어인데, 똑같은 말을 구약성경 언어인 히브리어로 바꾸면 '메시아'(마쉬아흐)가 됩니다. 그러니까 '그리스도'와 '메시아'는 같은 말이고, 둘 다 '기름 부음을 받은 자'라는 의미입니다.

성경에서 기름을 붓는 일은 **'하나님의 소유로 어떤 일에 성별될 때'** 행해지는 일입니다. 출애굽기와 레위기에서 기름을 붓는 일은 특별하게 구별된 사람인 직분자를 임명할 때 사용된 방법이었고, 동시에 성전의 기물을 성별하는 데에도 사용되었습니다. 이 둘은 겉으로 보기에는 용례가 달라 보이지만 **'하나님께서 특별히 쓰시기 위하여 따로 성별을 한다'**는 점에서 공통점을 갖고 있습니다. 말하자면 기름 부음을 받는 것은 '하나님의 손에 들린 도구가 된다'는 뜻이었습니다.

이런 점에서 우리 주님은 참으로 '그리스도'이십니다. 주님이야말로 하나님의 손에 들린 진정한 도구셨기 때문입니다. 그분은 **'진정한 직분자'**로서, 선지자, 제사장, 왕이라고 하는 구약의 특별하게 구별된 직분들을 모두 이루셨습니다. 선지자로서 그분은 말씀을 선포하실 뿐 아니라 말씀 그 자체셨고, 제사장으로서 그분은 제사를 드리는 정도가 아니라 스

스로 제물 그 자체셨으며, 왕으로서 그분은 사탄으로부터 자기 백성들을 지키시고, 또 우리를 영원히 다스리십니다.

주님은 진정한 직분자, 곧 '그리스도'셨습니다.

그런데 예수

하지만 우리 주님께서 '그리스도'시라고 말할 때, 동시에 잊지 말고 기억해야 할 중요한 사실은 이 '그리스도'께서 다름 아닌 **'예수'로** 오셨다는 사실입니다.

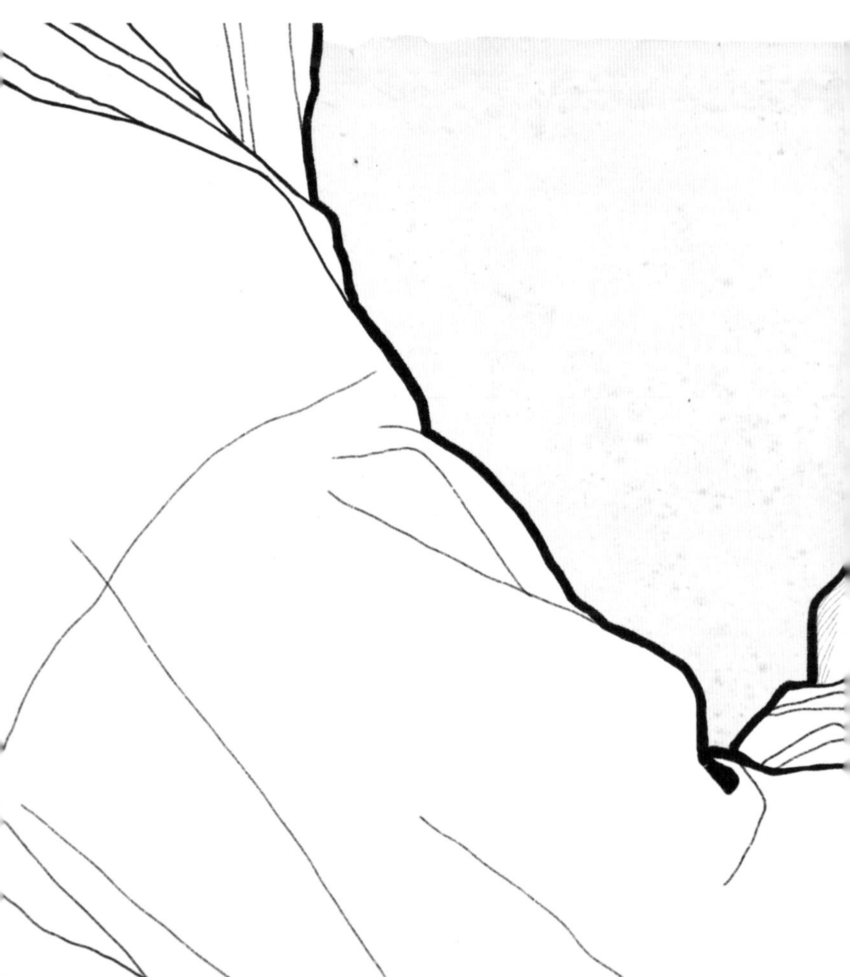

'예수'는 마태복음 1장 21절에 "자기 백성을 저희 죄에서 구원할 자"라고 해설되어 있습니다. 그리스도께서 이 땅에 오실 때 그분의 이름은 다름 아닌 '예수'셨습니다.('예수'는 구약성경 히브리어의 '여호수아'의 음역인데, '여호수아'는 '호세아[구원]'에 하나님을 의미하는 '여/야'를 붙인 말로 "여호와가 구원이시다"라는 뜻입니다.)

'그리스도'를 '예수'로 믿는다는 것이 어떤 의미일까요?

이 땅에 오신 주님께서 '그리스도'로서, 곧 하나님의 대업을 이루시는 분으로 세상에 오셨다 할지라도, 그 대업을 이루시기 위한 목적과 의도는 바로 "자기 백성을", "저희 죄에서" 구하시는 것이라는 뜻입니다. '그리스도'로 오신 분이 '예수'시라는 것이지요. 대업이 저기에 따로 있고, 측은히 여기는 마음은 별도로 있는 것이 아니라, **'하나님의 크신 일'**이 바로 **'자기 백성을 구원하시는 일'**입니다.

곧 **'그리스도이신 예수'** 안에는 하나님의 자기 백성을 향한 한없는 긍휼과 자비하심이 들어 있습니다. 우리는 크게 외쳐야 합니다. "예수가 그리스도시다!"

예수가 그리스도시다!

우리는 사막의 은둔 수도사들이 자신들의 경건 훈련에는 성공했을지 몰라도 무엇에는 실패했는지를 생각했습니다. 그들에게는 사랑해야 할 이웃이 없었습니다. 혹독하고 고매한, 그래서 사람들의 시선을 끌만한 놀라운 것들이 그들에게 있었을지 몰라도, 그들의 그런 훈련들은 오직 '자신만을' 위한 것이었지, '세상을 위한', '이웃을 위한', '자기 백성들을 위한' 것은 아니었습니다.

그러나 그리스도이신 예수께서 이 땅에 오신 이유는 이것과 다릅니다. 우리 주님께서는 분명 하나님의 손에 들린 신령한 도구셨습니다. 하나님의 거룩한 일을 맡은 높고 고매한 일을 행하신 분이었습니다. 그러므로 주님은 분명 '그리스도'셨습니다.

하지만 주님께서는 '그리스도'셨을 뿐 아니라 '예수'셨습니다. 비참하고 낮은 자들을 '건져 구원하시는 분'이셨습니다. 높은 대의와 명분을 가지셨지만, 그 높은 대의와 명분이 **불쌍한 우리들을 위한 것**이었다는 말입니다.

여러분의 신앙은 어떤 것입니까? 나의 삶, 나의 믿음은 **오직 나를 위한 것뿐**이기만 하지는 않습니까? 우리는 천국에 가려는 목적조차 '이기적인' 것뿐이지는 않습니까? 우리는 하나님이신 그분께서 이 땅에 오셨을 때, 참으로 "세상을 사랑하셔서"(요 3:16) 오신 것이라는 사실을 잊어서는 안 되겠습니다. "우리 구주 하나님의 자비와 사람 사랑하심을 나타내실 때에"(딛 3:4) 우리를 구원하셨다는 것을 잊어서는 안 되겠습니다. 이것을 소화한 사람만이 "예수가 그리스도다"라는 선언을 올바르게 이해한 사람입니다.

당신은 오늘 어떻게 살아가고 있습니까?

지하철에서 내리기 전에, 잠깐 묵상

지하철역 한편에 신문지를 덮고 잠을 자고 있는 더러운 옷을 입은 노숙자를 보면서 당신은 무슨 생각을 합니까? 만약 내 마음속에 저런 그림일랑 치워버리고 싶다고만 생각한다면, 적어도 당신은 '그리스도인'은 아닙니다. 왜냐하면 우리 주님이 더러운 나를 위하여 자신을 소진하시기를 아끼지 않으셨기 때문입니다.

> "우리가 아직 죄인 되었을 때에 그리스도께서 우리를 위하여 죽으심으로 하나님께서 우리에 대한 자기의 사랑을 확증하셨느니라." (롬 5:8)

제3장

동정녀 탄생 : 성령 잉태와 불임의 나라

"그분은 성령으로 잉태되어
동정녀 마리아에게서 나셨고"

성육신

하나님이 사람이 되셨다는 것, 아마 성경에서 보지 않았다면 그리스-로마 신화에나 어울릴 듯한 주제라고 다들 생각하실 만한 일입니다.

그런데 신이 존재하는 것조차도 믿지 않는 사람이 많은 현대인들에게야 "하나님이 사람이 된다"는 주제 자체가 어처구니없어 보이는 일이지만, 누구나 다 신의 존재를 믿었던 고대라고 해서 하나님이 사람이 된다는 주제가 썩 그럴듯한 것은 아니었습니다. 왜냐하면 고대 헬라 세계는 **영/육 이원론**을 핵심으로 하고 있는 플라톤주의가 잠식한 세계였고, 이 말은 다르게 말하자면 "영은 고결하고 육은 천박하다", 곧 높고 높은 신이 천박한 육체를 입는 일은 절대로 없는 일이라는 뜻이었기 때문입니다.

그렇다면 이런 생각이 온통 만연해있는 1세기의 세계에서 "하나님께서 육체가 되셨다"고 말하는 것은 당연히 조소 거리가 될 수밖에 없는 일입니다. "지고의 신이 이 보잘것없는 인간이 되었다고?" 말도 안 되는 소리인 것입니다. 그래서 1세기의 헬라 세계에서 기독교회가 하나님이 사람이 되셨다고 말하는 데에는 대단한 용기가 필요했습니다.

하지만 사도신경은 담담히 고백합니다.

“하나님이신 분께서 육체를 입으셨다.”

누가복음 1장 35절은 이것을 이렇게 표현합니다.

"성령께서 오시고, 지극히 높으신 이의 능력이 너를 덮으실 것이며, 그래서 나실 거룩한 자는 하나님의 아들이시다."

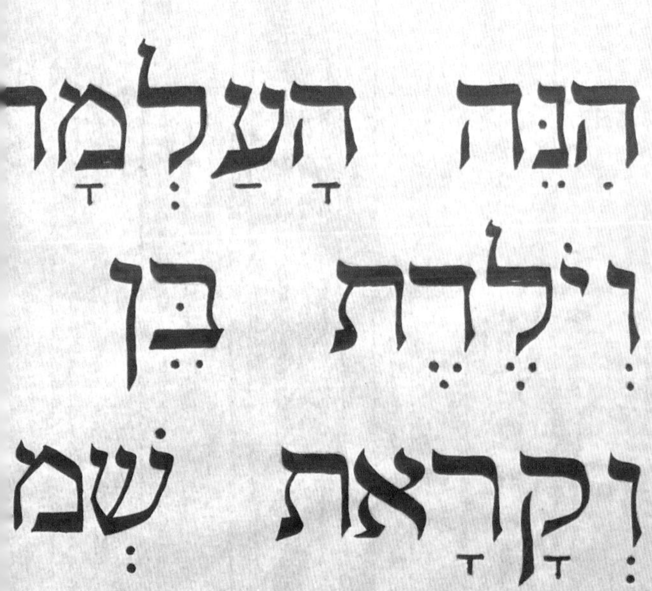

성령 잉태, 성령의 덮으심

하나님께서 육체로 오실 때 어떤 방식으로 오셨는지는 이 '성령 잉태'라는 말이 정확하게 보여줍니다. 누가복음 1장 35절이 포함된 말씀에서 주어는 항상 성령님입니다.

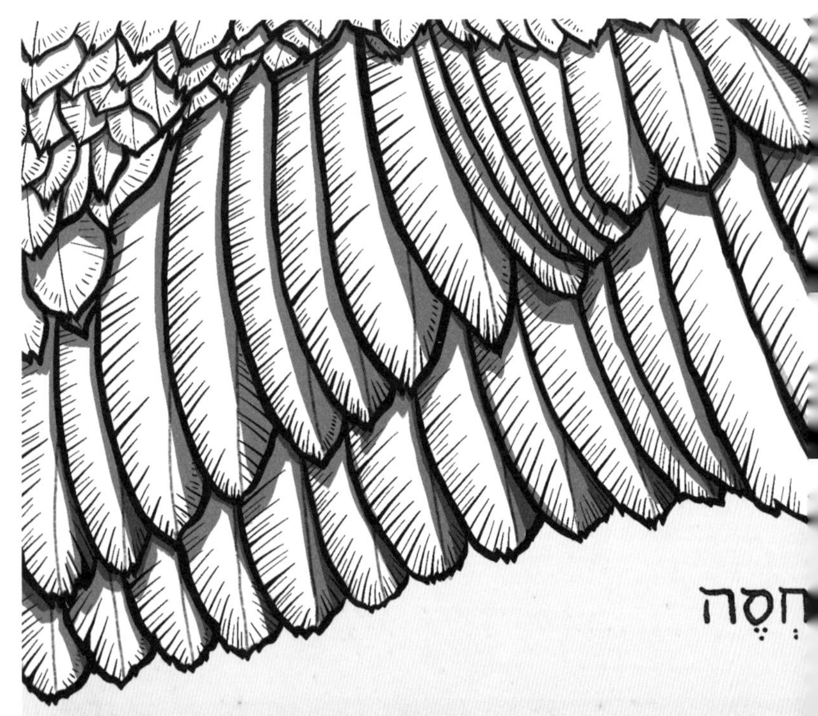

πνεῦμα ἅγιον ἐπελεύσεται ἐπὶ σε

성령님께서 너의 위에 임하시고

καὶ δύναμις ὑψίστου ἐπισκιάσει σοι·

가장 높으신 분의 능력이 너를 덮으실 것이다.

διὸ καὶ τὸ γεννώμενον ἅγιον κληθήσεται υἱὸς θεοῦ.

그러므로 나시는 거룩하신 분은, **하나님의** 아들이라 불리우리라!

수태고지에서 마리아는 항상 "너에게"라는 식으로 대상으로서만 나타납니다. 주어는 언제나 성령님입니다.

즉 수태고지의 핵심은 "**네가** 임신하고, **네가** 아이를 낳을 거야"가 아니라, "**성령님이** 임하시고, **성령님이** 너를 덮으실 것이다."입니다. 곧 하나님의 아드님의 성육신에서 주체는 언제나 성령님이시고, 목적격과 여격으로만 사용된 마리아는 '도구', '수단', '방편'일 뿐입니다.

우리는 이 사실에서 우리에게 오신 분이 누구신지를 확실하게 알 수 있게 됩니다.

어떤 사람들은 하나님이 사람이 되셨다는 것을 '하나님과 사람이 반반이 되었다'라고 생각하거나, '하나님과 사람이 혼합되어서 신인(神人)이라는 제3의 존재'가 된 것으로 이해하기도 합니다.

하지만 성육신이란 하나님이신 분께서 '육체를 입으신 것'입니다. 그리스도는 **'여전히 하나님'**이신 채로 인간을 입으신 것이라는 말입니다. 그리스도께서는 분명 완전한 의미의 인간이셨지만, **'인간이 되어버린(전락해버린)'** 것은 아닙니다. 우리 선배들은 성경의 이 강조점을 잘 알았기 때문에, 그분은 "완전한 인간이십니다"라고 고백했음에도, 어떤 순간에도 그분이 하나님이시라는 사실을 포기한 적이 없었습니다.

그리고 우리는 이 '하나님의 아들의 오심'이 '성령의 덮으심'을 통해 되었다는 사실에서 은혜를 발견합니다. 왜냐하면 예수님께서 이 땅에 오시기 전에 구약성경에서 이 '덮으심' 이라는 주제는 일관되게 중요한 사실을 보여주고 있기 때문입니다.

신학사전에서 '덮으심'은

"이 동사는 쉐키나, 즉 **여호와의 임재**를 상기시켜 준다"

라고 설명되어 있습니다. 뿐만 아니라

"이 단어는 랍비적 교훈에 비추어 볼 때 룻기 3장 9절의 '그러므로 **당신의 옷자락으로 시녀를 덮으소서**'라는 말씀을 생각나게 한다"

라고 하였습니다. 즉 '성령의 덮으심'은 '하나님의 쉐키나', 곧 그분의 임재를 보여주며, 단순한 임재가 아니라 룻기에 나타나고 있는 "여호와께서 그의 날개 아래 보호를 받으러 온 네게 온전한 상 주시기를 원하노라"(룻 2:12)라는 말씀을 상기시켜 주는 주제인 것입니다.

참으로 주님께서는 이 땅에 오셨을 때, 마지막까지 거역하

는 이스라엘을 향하여 이렇게 말씀하신 적이 있습니다.

> "암탉이 그 새끼를 날개 아래 모음 같이 내가 네 자녀를 모으려 한 일이 몇 번이냐 그러나 너희가 원치 아니하였도다"(마 23:37)

주님의 이 말씀은 '하나님의 덮으심', 곧 그분의 보호 아래로 들어오라는 요청이며(룻처럼!), 따라서 성령님을 통한 잉태가 '성령의 덮으심'이라는 것의 의미, 곧 하나님께서 이 땅에 육신을 입고 오신 것의 의미는 단순한 '물리적 현상'만을 의미하는 것이 아니라, **하나님께서 이 세계를 향하여 '어떤 마음을 가지고 계신지'**를 함께 보여주는 것입니다.

하나님의 성육신은 참으로, 자기 백성들을 그분의 날개 품 안으로 불러들이시기 위한 그분의 간절한 바람의 열매, 결실이었던 것입니다.

그리고 동정녀 탄생

그리고 '동정녀 탄생'을 묵상합시다.

하나님께서는 하고많은 방법들 중에 왜 '처녀 잉태'라는 방식으로 이 '성령의 덮으심'을 실현하셨을까요? 하나님은 그저, 박혁거세나 김알지의 신화에서 볼 수 있는 것처럼, **'기이한 탄생'**을 원하셨기 때문에 이런 방법을 선택하신 것입니까?

그렇지는 않습니다.

우리는 성경에서 족장들로부터 시작하여 계속하여 반복되는 **'불임'이라는 주제**를 발견합니다. 아브라함은 "많은 민족의 조상이 되리라"는 약속을 받았음에도 불구하고, 아이를 잘 낳을 수 있는 20대에 부름을 받지 않고 이미 노인이 된 후에, 심지어 경수가 끊어져 아이를 낳을 수 없는 아내를 둔 채로 부름을 받았습니다. 아브라함의 아들 이삭도 처음에 불임이었고, 야곱의 아내 라헬도 불임이었습니다. 사사 시대를 종식시켰던 사사 삼손의 부모도 불임이었고, 함께 사사 시대를 끝낸 사무엘의 어머니 한나도 불임이었습니다.

성경은 거듭되는 '불임'이라는 주제를 말씀하는데, 마리아가 처녀 잉태를 하게 되었을 때, 이 불임의 주제를 마리아에게 가져옵니다.

> "……성령이 네게 임하시고 지극히 높으신 이의 능력이 너를 덮으시리니, 이러므로 나실 바 거룩한 이는 하나님의 아들이라 일컬어지리라. 보라 네 친족 엘리사벳도 늙어서 아들을 배었느니라. **본래 임신하지 못한다고 알려진 이가** 이미 여섯 달이 되었나니, 대저 하나님의 모든 말씀은 능하지 못하심이 없느니라."(눅 1:35-37)

처녀 마리아의 임신에 대한 확신은 "본래 임신하지 못한다고 알려진 엘리사벳"의 증거로부터 옵니다. 우리는 여기에서 **'동정녀 탄생'이 '불임에서부터의 탄생'과 궤가 같은 것임을** 깨닫게 됩니다.

그러면 족장들로부터 계속해서 반복되고 있는 불임의 주제를 통해, 성경이 우리에게 알려주려 하신 바는 무엇일까요? 로마서 4장은 말씀합니다.

> "그의 믿은 바 **하나님은 죽은 자를 살리시며, 없는 것을 있는 것 같이 부르시는 이**시니라……그가 백세나 되어 자기 몸의 죽은 것 같음과 사라의 태의 죽은 것 같음을 알고도 믿음이 약하여지지 아니하고……저에게 의로 여기셨다 기

록된 것은 아브라함만 위한 것이 아니요 의로 여기심을 받을 우리도 위함이니, 곧 예수 우리 주를 죽은 자 가운데서 살리실 이를 믿는 자니라"(롬 4:17-19).

우리는 아브라함과 사라가 불임으로 부름을 받은 이유가 **'낳을 능력이 오직 하나님으로부터만 말미암음'**을 보여주시기 위함, 곧 하나님의 나라란 **'불가능을 가능케 하시는 하나님의 은혜만으로 세워지는 나라'**임을 보여주기 위한 것임을 깨닫습니다. 로마서 말씀은 이것을 '부활'과 연결시켰습니다. **'죽어 있는 태를 여실 수' 있는 하나님은 '죽은 자를 살리실 수' 있는 것**입니다. 그래서 아브라함에게 있어서 '이삭의 출생'과 '이삭을 죽여 바치더라도 다시 살리실 수 있을 것을 믿는 일'은 같은 것이었으며, 이것은 신자가 죄로 인하여 죽어 있지만, 부활의 그리스도 때문에 '능히 살아날 수 있음(죄의 사망의 능력에도 불구하고!)'을 의미합니다.

하나님께서는 '부활'을 통하여 하나님 나라에 들어오는 사람들은 '육의 방식'으로 들어오는 것이 아님을 알려주십니다. 그리고 이것이 그리스도를 '동정녀를 통하여' 주신 이유입니다.

하나님의 아들의 성육신, 곧 이 땅에 오심이란, 그분의 한

량없는 은혜로 된 것이나, 이 나라는 **육을 부인한 사람들을 통해서만** 얻어집니다. '성령의 덮으심'은 하나님의 한없는 품으심, 곧 그분의 날개 아래로 들어오라는 요청이나, 이 나라는 **'육체의 사고방식을 가진 사람은 들어오지 못하는'** 그런 나라입니다. 이것이 '성령 잉태'와 '동정녀 탄생'에 대한 사도신경의 고백, 곧 모든 그리스도인들의 고백입니다.

지하철에서 내리기 전에, 잠깐 묵상

하나님이 사람이 되신 이유를 나는 무엇이라고 생각하고 살아왔습니까? 그렇다면 이 글을 읽고 깨닫게 된 것은 무엇입니까?

하나님의 나라는 나의 '육의 것'이 죽는 일을 통하여 옵니다. 내 오늘 하루 일과에서 나의 세속적 가치관이 가장 크게 발현될 일은 무엇이 있습니까? 나는 여기에 대비하였습니까?

> "육체의 소욕은 성령을 거스리고 성령은 육체를 거스르나니 이 둘이 서로 대적함으로 너희가 원하는 것을 하지 못하게 하려 함이니라." (갈 5:17)

제4장

십자가란

"본디오 빌라도 치하에서 고난 당하시고,
십자가에 달리시고, 죽으시고, 장사되시고,
음부에 내려가셨으며"

그리스도 사역의 모든 중심으로서의 십자가

가끔 TV를 보다 보면 연예인들 중에 커다란 십자가 목걸이나 귀걸이를 하고 나오는 사람들이 있습니다. 그러면 우리는 인터넷에서 그 사람의 이름을 검색해보고 나서 "어? 저 사람도 기독교인이었어?"라고 생각하거나, 교회를 다니지 않는 사람이 그렇게 한 것이면 "교회도 안 다니는데 왜 십자가를 달고 있대?"라고 생각하곤 합니다.

꽤나 방탕한 것으로 알려진 연예인이 '단지 장식으로' 커다란 십자가 목걸이를 하고 방송에 나왔을 때 우리는 무슨 생각을 해야 할까요? 혹은 반대로 아주 독실한 어떤 사람이 자신의 신앙의 표라고 생각하면서 큰 십자가 장식을 장신구로 달고 있을 때에는 그럼 어떤 반응을 보여야 할까요? 십자가는 과연 무엇입니까?

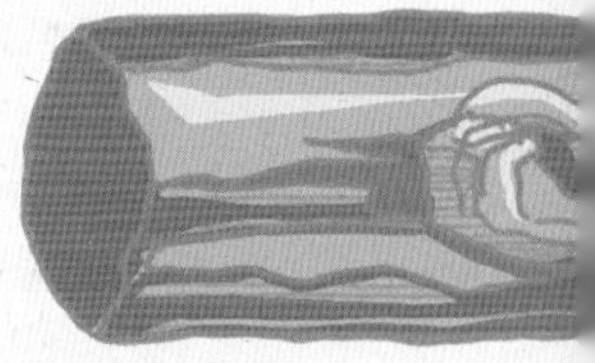

INRI
나무에 달린
자는 하나님께
저주를 받았음이니라
신명기 21:23
韓

여러분은 혹시 사도신경에서 '예수 그리스도의 나심'을 말한 후에 곧바로 그분의 고난과 죽으심으로 넘어가는 것, 그러니까 예수님께서 땅에 계시는 동안 행하신 사역들에 대해서는 일언반구도 없이 "동정녀 마리아에게 나셨다" 한 후에 곧바로 "본디오 빌라도 아래에서 고난을 당하시고 십자가에 못 박히고 죽으셨다"로 가는 것을 보고 '지나친 생략이 아닌가?'라고 생각해 본 적은 없습니까?

재미있게도 아마 동일한 질문을 500년 전의 성도들 역시 가지고 있었던 것 같습니다. 제네바 교리문답이 똑같이 이 질문을 하고 있기 때문입니다.

> 55문 : 왜 주님의 탄생에 대해 말하면서 주님의 생애의 **모든 경력을 생략하고** 뛰어넘어서 죽으신 사실을 말합니까?

이에 대해 제네바 교리문답은 다음과 같이 대답합니다.

> 답 : 성경에는 **주님의 속죄 사역에 관한 말씀 밖에는** 기록되어 있지 않기 때문입니다.

우리는 제네바 교리문답의 대답을 듣고서는 깜짝 놀라게 됩니다. "성경에는 주님의 속죄 사역에 관한 말씀 밖에는"

아사셀
עֲזָאזֵל
내어보냄의 염소

기록되어 있지 않다고 말하고 있기 때문입니다. 주님의 사역에 대한 이런 이해는 매우 놀랍습니다. 당연히 우리 마음속에는 "성경에는 다른 이야기들도 많이 있는데!"라는 생각이 떠오르게 되니까요.

하지만 이런 선배들의 고백을 깊이 생각해 볼 필요가 있습니다. 말하자면 이런 선배들의 고백에 따르면 사도신경은 **'주님의 모든 사역을 오직 무엇에 치중해서 보아야 할지'**를 아주 선명한 방식으로 알려주고 있는 것이기 때문입니다. 사도신경은 이 '점프'를 통해서, 그리스도는 이 땅에 '내 마음의 평온을 위해서'라든지, '내 자아의 쓴 뿌리를 제거하기 위해서'라든지, 혹은 '세상에서 성공하기 위해 어떤 처세술을 가져야 할 것인지'를 가르쳐주기 위해서 오신 것이 아니라는 것을 명확하게 보여주고 있습니다.

그야말로 우리 주님께서는 **'오직 구속을 위하여'** 이 세상에 오신 것입니다!

이렇게 주님의 모든 공생애 사역을 뛰어넘어 곧바로 '고난'과 '십자가'를 말하는 사도신경을 통해서 우리는 무엇을 깨닫게 됩니까? **그리스도의 모든 사역의 중심이** 아주 진지하고도 무겁게 우리를 죄로부터 건지시는 구속에 있다는 것! 그분의 모든 사역의 절정은 오직 이 십자가에 있다는 것! 사도신경은 이것을 웅변해주고 있습니다.

고통 없는 구원?

부흥과 개혁사에서 출판된 『어린이 성경 이야기』에 보면 예수님께서 광야에서 시험 받으시는 장면에 이런 이야기가 나옵니다. 사탄은 예수님께 "나에게 한 번만 엎드려 경배하면 내가 이 온 세상을 주겠다"고 말하고, 주님은 이 사탄을 하나님의 말씀으로 물리칩니다. 『어린이 성경 이야기』는 이 부분을 이렇게 설명합니다.

> "마귀의 말대로라면 예수님이 세상의 왕이 되시는 것은 **얼마나 쉬운 일인가요!** 그저 마귀에게 엎드려 절하기만 하면 되지요……예수님은 하늘 아버지께 순종하고 자기 백성들을 위해 고난 당하고 죽으시게 될 것이 얼마나 어렵고 힘든 일인지를 잘 알았어요." (거트루드 훅스마, 『부흥과 개혁사 어린이 성경 이야기』에서)

겨우 아이들에게 읽어주기 위한 성경이지만, 이 성경의 내용은 중요한 진리를 담고 있습니다. 말하자면 광야시험의 요지가 사탄이 **'쉬운 구원'**을 예수님께 제시했다는 데 있다는 것입니다. 사탄은 예수님께 고통스럽게 돌아가시지 않더라도 쉬운 구원이 가능한 길을 제시했다는 것입니다.

내가 죽지 않고 **살아서**
여호와의 행사를 선포하리로다

시편 118:17

우리는 주님께서 십자가 전 겟세마네에서 얼마나 고통스러워하셨는지를 잘 압니다.

예수님은 분명히 '하나님'이셨습니다. 그러니까 철모르는 우리는 십자가에 달려서 죽는 정도의 고통이 하나님이신 분께 무에 그리 대단한 일일까고 생각하기도 합니다. 하지만 주님께서는 "할 수만 있으면 이 잔을 내게서 옮겨 달라"(눅 22:42)고 기도하셨습니다. **하나님이신 분께서 두려워하고, 떨고, 고통스러워하고, 피하기를** 원하셨습니다.

그러나 어땠습니까? 아버지는 듣지 않으셨고, 아드님도 듣지 않으실 것을 알았습니다. 겟세마네에서의 아드님의 기도는 이루어질 수 없음에도 불구하고 처절하게 아버지께 매달려본 것이었고, 그것은 **신성을 가지신 분께조차 이 일이 얼마나 힘들고 무거운 일이었는지를** 충분히 짐작케 합니다.

만약 그렇다고 한다면, **'쉬운 구원'이란 얼마나 매력적인가요!** 할 수만 있다면 주님은 사탄의 요구를 듣고 싶으셨을 것입니다. 사탄에게 고개 한 번 숙이고 천하를 얻을 수 있다면! 그렇게 쉽게 세상 모두를 얻을 수 있다면! 그 얼마나 매혹적인 구원의 방법이겠습니까?

하지만 주님께서는 결국 아버지의 뜻대로 고통의 길을 선택하십니다. 왜냐하면 '십자가'라는 길 이외에 인류를 향한 구원의 방법은 없는 것이기 때문입니다. 우리는 생각합니다. "정말 예수님이 하나님이시라면 십자가 외의 다른 방법으로라도 사람들을 구원할 방법은 있지 않았을까?"

정말 그럴까요? 정말 그런 것이 가능할까요? 그랬다면 아마 주님은 그 길을 가셨을 것입니다. 그러나 **'죄에 대해 진노하시는 하나님'과 '죄인을 사랑하시는 아버지'와의 화해**는 '대속 제물의 죽음' 외에는 아무런 방법이 없었습니다. 하나님은 의로우시기 때문에 죄에 대해 징벌하시는 분이시고, 의로우신 재판관이시기 때문에 있는 죄를 없는 척하실 수 없는 분이십니다. 그렇다면 그에 대한 대답은 하나뿐입니다. 하나님의 진노를 누군가 지는 것입니다.

sense of miss
a respect for your boss, or by the
belief that a prosperous company will
benefit everyone financially. The
more points of agreement among
members of a group, the more they
will be unified, the better they will
perform, and the less likely they will
be to fight among themselves.
together with
of spirit. In
Ephesians 4
ted seven
uniting "ones.
they can be to
working togethe
a single family u
have the Spirit as
ook forward to the
trust the same Pers
st Jesus
sacrifice
for
tion
Index
SEVEN "ONES"

韓
헤아릴 수

십자가의 진의:
깊이를 헤아릴 수 없는 고통

그렇다면 십자가야말로 얼마나 무섭고, 고독하면서도, 하나님의 대단한 자기 부정(否定)이 드러나는 곳입니까!

어렸을 때, 왜 예수님께서 굳이 십자가를 지고 죽으실 수밖에 없었느냐는 질문에 "십자가가 당시 로마의 사형법이어서 그렇다"라는 이야기를 들은 기억이 꽤 있습니다. 하지만 성경을 공부하면서 이런 대답이 참 유치한 발상의 대답임을, 성경과는 전혀 상관없는 방식의 대답임을 알게 되었습니다. '십자가에 못 박혀 죽으시는 죽음'이 꼭 필요했던 이유는 갈라디아서 3장에 아주 직접적으로 나옵니다.

> "그리스도께서 우리를 위하여 저주를 받은 바 되사 율법의 저주에서 우리를 속량하셨으니 기록된 바 **나무에 달린 자마다 저주 아래 있는 자**라 하였음이라."(갈 3:13)

신명기적 이해에서(갈라디아서 말씀은 신명기의 직접 인용입니다) "나무에 달려 죽는 것"은 "하나님의 저주를 받은 것"입니다. 신약성경은 예수님의 죽음이 '나무에 달려 죽는 방식'이 되어야만 했던 까닭은 다름이 아니라 '우리 주님께서 **저주를**

받은 죽음으로 죽으셔야만 했기 때문'임을 분명히 합니다.

> "나무에 달려 죽으시는 방식이 하나님의 저주를 받은 죽음이다."

단순하고 짧은 이 문장이 가지고 있는 무시무시한 지옥의 공포를 여러분은 느낄 수 있습니까? 주님께서 그 반나절이 안 되는 시간 동안 십자가에 달려 계셨을 때, 육체적 고통 따위는 비교할 수도 없는 무서운 고통, 곧 **하나님 아버지의 전 인류의 죄를 향한 그 무서운 진노**를 우리 주님께서 친히 짊어지셨을 때, 그 무게를 여러분은 과연 상상할 수나 있습니까?

그럴 수 없습니다. 우리는 차마 짐작조차 할 수 없습니다.

십자가가 무엇입니까? 십자가는, 사람인 우리로서는 이해할 수도 없는 '완전한 참된 연합' 가운데 계셨던 성부와 성자를 갈갈이 찢어발길 수밖에 없던, 우리가 알 수도, 공감할 수도 없고, 말할 수조차 없는 어마어마한 '진노와 형벌'이 가해진, **'절대 불가결한 공포의 자리'**였습니다. 그리스도께서 지신 것이 무엇입니까? 살이 찢기고, 뼈가 부러지는 고통이었나요? 그런 것은 저나 여러분도 할 수 있는 일입니다. 한 부족의 족장 정도만 되면, 아니 한 아이의 부모 정도만 되어도, 그 정도의 고통은 저나 여러분이나 당할 수 있습니다. 그렇기에 우리 주님께서 맛보신 고통, 곧 '쉬운 구원'이 불가능하기 때문에 당하실 수밖에 없었던 그 '고통스러운 구원의 길로서' 주님께서 당하신 십자가는 **아무도 이해할 수 없고, 사람으로서는 상상도 할 수 없는 그런 고통**이었습니다. 성부로부터 완전하게 단절되고 버림받아, 음부의 고통에 놓일 수밖에 없었던 독생자 성자의 고통! 그것이 십자가입니다.

우리는 결코 성자가 가졌던 그 어두움을 알 수 없습니다. 우리는 절대 그분께서 받으셨던 그 고통의 깊이를 깨닫거나 이해할 수 없습니다. 이것은 단지 '비밀'일 뿐이요, 따라서 중세적 방식으로(혹은 로마 가톨릭적 방법으로) 육체에 고통을 가하는 것을 통해 주님의 아픔을 느껴보려고 하는 것은 어리석은 것입니다. 자기 몸을 채찍으로 때리거나, 심지어는 외국의 가톨릭 국가의 사람들처럼 실제로 자기 몸을 십자가에 매다는 일이 전혀 주님의 고통을 체험하는 길이 아닙니다. 마음을 조금 울적하게 하거나, 심지어는 밥을 한 끼 굶는 것을 통해 "그리스도의 고통을 체험해보자"라고 하는 것은 그리스도의 상처를 기만하는 것이 됩니다.

우리는 그저 **"그분의 고통은 우리가 헤아릴 수 없습니다."**라고만 말해야 하고, 오직 그분의 죽으심과 고난 받으심을 보면서 찬송할 수밖에 없는 것입니다. 우리의 일이 아닙

니다! 우리의 일이 아닙니다! 그분만 하실 수 있는 일이며, 온 우주에서 그분만이 내몰리신 고독입니다!

그래서 성경에서 주님은 단 한 번도 '그분의' 십자가'를 우리에게 지시라고 하신 일이 없습니다. 주님은 우리에게 언제나 '그분의 십자가'가 아니라 '내 십자가'를 지라고 하셨습니다. 왜냐하면, **주님의 십자가는 주님만 지실 수 있기 때문**입니다(그러므로 개정 찬송가 323장, "부름 받아 나선 이 몸"의 "존귀 영광 모든 권세 주님 홀로 받으소서. 멸시 천대 십자가는 제가 지고 가오리다"는 그리스도의 구속을 멸시하는 끔찍하고도 가증스러운 가사입니다. 내가 결코 주님의 십자가를 대신 질 수 없습니다).

성부 하나님의 고통스런 결심과 결의, 또 그 결정에 대한 성자 하나님의 적극적인 순종, 우리는 여기에서 무엇을 발견할 수 있습니까? 하나님께서 우리를 얼마나 사랑하셨는지를 볼 수 있지요. 그렇습니다. 십자가란 참으로 **'고통스러운 사랑'**입니다. 하나님께서 우리를 위하여 보여주신 참으로 진지하게 고통스러운 사랑! 그것이 바로 십자가입니다.

그러므로 십자가는 쉽사리 목걸이로, 귀걸이로, 차량용 장식품으로 달 수 있는 액세서리 같은 것이 될 수 없습니다. 엊그제 제 아들이 질문을 했습니다. "하나님은 왜 우리가 죄를 짓지 않게 하실 수 없었나요?" 저는 대답했습니다. "하나님이 죄를 짓게 하신 것이 아니라 우리가 지은 것이고, 하나님이 하신 일은 그저 그 죄를 위하여 아들을 주신 일이란다." 그리고 저는 덧붙여 이렇게 말했습니다. "그 사랑의 지극함이란, 그분이 아들을 주셨다는 사실에서 볼 수 있단다. 하나님이 우리를 깊이 사랑하시지 않았다면, 없애버려도 그만일 사람을 위해 아들을 희생할 수는 없지 않았겠니?"

그리스도를 향한 사도신경의 고백의 핵심은 바로 여기 '십자가'에 있습니다. 그리고 우리는 단지 이 앞에서 찬송할 뿐입니다.

지하철에서 내리기 전에, 잠깐 묵상

십자가의 고통은 여러 가지 방식으로 오용됩니다.
나는 십자가를 단지 '육체적 고통'으로 여기지는 않았습니까?
나는 십자가를 단지 '심리적 고통'으로 여기지는 않았습니까?
나는 가끔 내가 겪는 어떤 고통을 주님의 그것에 비견하지는 않았습니까?

> "우리를 사랑하사 그의 피로 우리 죄에서 우리를 해방하시고 그의 아버지 하나님을 위하여 우리를 나라와 제사장으로 삼으신 그에게 영광과 능력이 세세토록 있기를 원하노라 아멘." (계 1:5-6)

제5장

부활신앙으로 서는 우리의 삶

"사흘만에 죽은 자들로부터 부활하셨고"

Veritas

하버드 대학은 1636년에 설립되었는데, 이는 최초의 청교도들이 신대륙으로 이주해온 해를 기준으로 계산하면 16년, 메사추세츠로의 이주를 기준으로 계산하면 불과 6년 만의 일입니다. 신대륙에 건너온 청교도들이 무엇보다 앞서서 대학을 세운 이유는 하나님의 말씀을 전하는 목사를 양성하는 일이 무엇보다 중요하다는 것을 알았기 때문이고, 그런 점에서 처음의 하버드는 우리나라의 연세대나 이화여대가 그러했듯이 학교의 설립 자체가 대단히 기독교적인 목적 위에 자리 잡고 있었습니다.

하버드의 문장은 그때나 지금이나 라틴어로 '진리'를 뜻하는 Veritas입니다. 하지만 지금은 Ve-ri-tas가 세 권의 펼쳐진 책에 나눠 적혀 있는 것과는 달리, 처음 이 문장이 만들어 졌을 때에는 tas가 적힌 세 번째의 책은 덮여 있었습니다. 이것은 **"인간의 이성으로 알 수 있는 지식에는 한계가 있으며, 세 번째 책의 지식은 성령의 빛에 의해서만 얻을 수 있다"**는 의미라고 합니다(모리모토 안리, 『반지성주의』에서).

만약 진리라는 것이 인간의 편에서 아무리 노력한다고 할지라도 지성과 이성을 멀리 초월해 있다면, 우리는 결국 아

VE
RI
TAS

무것도 얻지 못하고 절망하게 될 것입니다. 이것은 '무기력'을 동반하는 듯이 보입니다. 하지만 신앙 안에서는 **'이해할 수 없다는 사실'이 바로 '절대적인 하나님 의존'의 바탕이** 됩니다. 알 수 없으므로 바라보게 되는 것입니다. 그리고 바로 이런 주제, 곧 우리로서는 도달할 수 없는 이해의 기독교적 체계의 가장 으뜸에 '부활'이 있습니다.

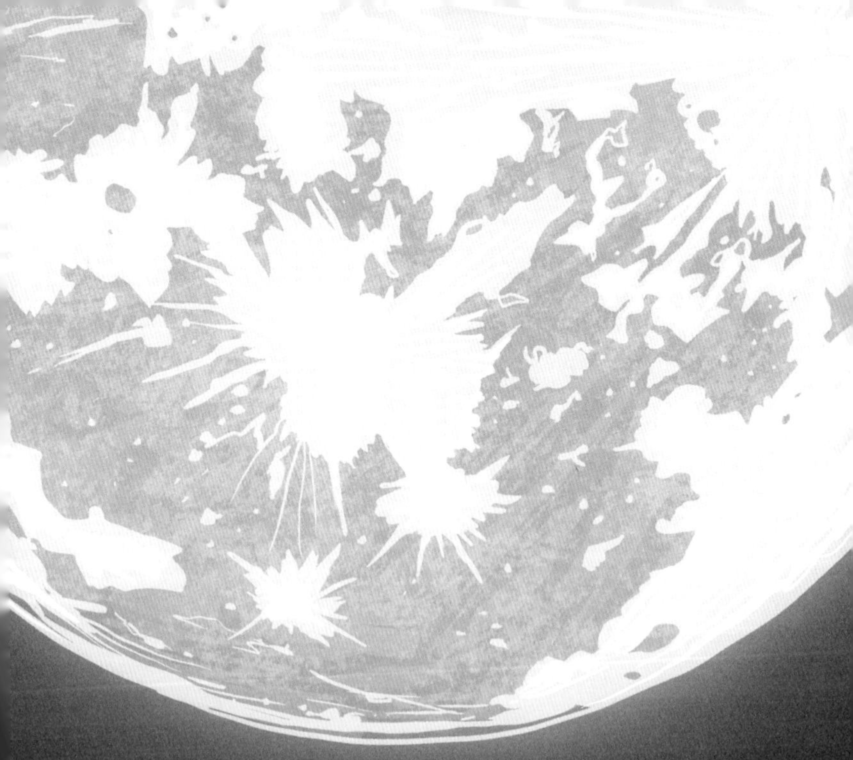

네가 알지 못하는
크고 비밀한 일을
네게 보이리라

부활과 비밀

라틴어로 '성례'를 '사크라멘툼(sacramentum)'이라고 하는데, 이 말은 공용어로 가톨릭 교회 안에 '성례'로서 자리 잡았지만, 원래는 헬라어 '뮈스테리온'의 역어입니다. 그리고 '뮈스테리온'은 발음에서 짐작하실 분도 계시겠지만, '미스테리'의 어원이기도 합니다.

우리말 성경에는 이 뮈스테리온이 주로 **"비밀"**이나 **"신비"**로 번역되어 있습니다. 개역 한글판에는 "신비"라는 번역은 나타나지 않지만 개역 개정판에서는 "신비"로도 번역하였습니다.

그리고 신약 성경에서 이 "비밀"(혹은 신비)은 압도적으로 **그리스도의 구속 사역과** 관련되어 있습니다. 예를 들면 고린도전서 2장은 "세상의 지혜도, 없어질 관원의 지혜도 아니다"(6절)라고 하면서, "오직 **비밀한**(뮈스테리온) 가운데 있는 하나님의 지혜"(7절)를 말하였는데, 이때 "비밀"은 문맥에서 그리스도께서 십자가에서 죽으신 일을 가리킵니다.

동일한 관점에서 "비밀"은 **부활**을 가리키는 데 사용되기도 합니다. 고린도전서 15장 51절은 "보라! 내가 너희에게 비밀(뮈스테리온)을 말하노라!"라고 하였는데, 이때의 "비밀"

은 이어지는 말씀에서 "우리가 다 잠잘 것이 아니요, 마지막 나팔에 홀연히 다 변화되리니!"라고 설명됩니다. 그렇습니다. **마지막 날 부활의 영광을** "비밀"이라고 한 것입니다.

성경이 십자가 사건과 부활을 '비밀'이라고 말하는 이유는 어렵지 않습니다. 이 사건들이 인간의 이성으로는, 곧 믿음의 눈을 통해 보지 않고 단지 사람의 마음과 생각으로서는 결코 이해할 수 없는 일이기 때문입니다. 하나님께서는 우리를 구원하시기 위한 원리들을 이 세상에 두시되, 믿음 없이는 보지 못하도록 숨겨두셨고, 성경은 이것을 '뮈스테리온', 곧 '비밀'이라고 부릅니다.

니고데모

어느 늦은 밤, 한 사람이 예수님을 찾아옵니다. 그는 바리새인이었기 때문에 대낮의 광명 가운데는 예수님을 찾아오기가 꺼려졌습니다. 그는 예수님을 '랍비'라고 부르면서 예수님께 '궁극의' 질문을 합니다. 성경은 이 사람의 이름을 '니고데모'라고 기록하고 있습니다.

그가 밤중에 찾아왔다는 사실은 단순히 시간의 문제일 수도 있지만, 그에게 말씀하신 예수님의 대답 마지막이 빛에 관한 가르침인 것을 보면(요 3:19 "……빛이 세상에 왔으되 사람들이 자기 행위가 악하므로 빛보다 어둠을 더 사랑한 것이니라.", 요 3:21 "진리를 따르는 자는 빛으로 오나니……"), 어쩌면 그가 찾아온 캄캄한 시간대는 그가 대표하고 있는 사람들의 '영적 상태'를 보여주는 것인지도 모르겠습니다.

예수님은 그에게 **'출생'**에 대해 말씀하십니다.

"사람이 거듭나지 아니하면 하나님의 나라를 볼 수 없느니라."(요 3:3)

그리고 니고데모는 묻습니다.

"사람이 늙으면 어떻게 날 수 있습니까? 두 번째 모태에 들어가야 하는 것입니까?"(4절)

많은 사람들이 이 지점에서 하는 실수는, 오늘날로 치자면 목사이거나 신학 교수였던 니고데모를 어린아이 취급하는 것입니다. 그래서 니고데모가 마치 지금 예수님께 "엄마 뱃속으로 어떻게 다시 들어가요?"라고 질문하고 있다고 생각합니다.

그렇지 않습니다. 니고데모는 오히려 어려운 문제, 곧 **삶의 궁극적인 질문**을 하고 있습니다. 말하자면 니고데모의 질문은 "육체로 태어난 우리가 육체의 한계를 벗을 수 있습니까?"라는 질문입니다. **"사람은 모태를 통해 육신을 입고 태어나는데, 주님께서 말씀하시는 '두 번째 난다'는 것은 도대체 무엇입니까?"**라는 질문인 것입니다.

니고데모의 질문에 대한 예수님의 답은 이렇습니다.

"사람이 물과 성령으로 나지 아니하면 하나님 나라에 들어갈 수 없느니라."(5절)

그렇습니다. 사람이 처음 지어질 때는 **'흙과 성령으로'** 지어졌지만(창 2:7), 거듭난다는 것은 이 '자연적 출생'을 딛고, '새로운 출생', 곧 **'물과 성령으로'** 태어나야 한다는 것이지요(당연하게도 '물과 성령으로의 출생'이란 '세례'를 가리킵니다).

주님의 대답은 명료합니다. 하나님 나라에 들어가는 일은

'생래적 방식'으로는 불가능하다는 것입니다. 전혀 다른 종류의 출생이 있어야만 가능한 일이라는 것입니다. 그리고 이는 그야말로 우리로서는 할 수 없는 일입니다.

정말 '뮈스테리온'입니다!

성경 조망에서의 부활과 출생

하나님께서는 구약 시대에 이미, **'이해할 수 없는 출생'**, 곧 우리의 생래적인 방법으로는, 자연적인 방식으로는, 사람의 이성과 지성으로는 결단코 이해할 수 없는 방식으로 태어나는 것에 관하여 강력한 그림을 주셨습니다.

아브라함과 사라는 임신할 수 없는 나이의 부부였고, 그럼에도 불구하고 하나님께서는 이들에게 아이를 약속하십니다. 그리고 이들이 이렇게 얻게 된 아이에 관하여 신약 성경은 해설을 달고 있는데, 이 지점에 주목해 보면 이들에게서 태어난 아이의 의미를 깨달을 수 있습니다.

로마서 4장은 아브라함과 사라의 아이가, 그리고 이 '이해할 수 없는 출생'이 **우리의 구원**과, 특히 **우리의 부활**과 어떻게 연결되어 있는지를 매우 간명한 필치로 보여주고 있는 대단히 멋진 말씀입니다. 17절은 말씀합니다.

> "기록된 바 내가 너를 많은 민족의 조상으로 세웠다 하심과 같으니 그가 믿은 바 하나님은 **죽은 자를 살리시며 없는 것을 있는 것으로 부르시는 이**시니라."

이 구절이 말씀하는 하나님은 "죽은 자를 살리시는 분", 곧 '부활의 하나님'입니다. 그런데 로마서는 무엇을 두고 이렇게 말했을까요? 이어지는 말씀들에 그 해설이 나옵니다.

> "아브라함이 바랄 수 없는 중에 바라고 믿었으니……그가 백 세나 되어 자기 몸의 죽은 것 같음과 사라의 태의 죽은 것 같음을 알고도……약속하신 그것을 또한 능히 이루실 줄을 확신하였으니!"(18-21절)

아브라함은 "백 세나 되어 자기 몸의 죽은 것 같음과 사라의 태의 **죽은 것 같음을 알고도**"(19절) 하나님의 약속을 믿었습니다. 그리고 성경은 이것을 "아브라함만 위한 것이 아니요……우리도 위함이니 곧 **예수 우리 주를 죽은 자 가운데서 다시 살리신 이를 믿는 자니라.**"(23-24절)라고 하였습니다.

놀라운 해석이지요! 로마서는 하나님께서 사라의 죽은 태를 여신 사건을 죽음으로부터 다시 살아나게 된(부활하게 된) 일로 여깁니다. 그리고 이것을 다시 예수 그리스도의 부활과 직접 연결시킵니다. 말하자면 아브라함과 사라에게 '이해할 수 없는 출생'을 주신 하나님은 다름 아닌 '부활의 하나님'이셨으며, 그리스도께서 부활로 바로 그 일을 이루신 것입니다. 그리고 이 사실은 이제 우리의 부활로도 연결됩니다. "아브라함만 위한 것이 아니요 우리도 위함이니!"

이 말씀들을 정리해 보면, 우리는 **성경이 관통하고 있는 일관된 주제**를 깨닫게 됩니다. 말하자면 성경은 '죽음'으로부터 '생명'을 창출하시는 하나님을 여러 가지 방식으로 그립니다. 곧 **'출생'과 '중생'과 '부활'은 모두** '죽음으로부터의 생명'이라는 점에서 일관된 그림을 갖고 있는 것입니다.

아브라함과 사라에게 있었던 이해할 수 없는 출생
그리고 예수 그리스도의 부활
그리고 나의 이해할 수 없는 출생, 곧 거듭남(중생) (엡 2:1도 참조)
곧 나의 부활

우리는 **"내가 이미 부활했다"**는 사실에 둔감합니다. 하지만 성경은 우리의 '중생'을 부활의 관점에서 본다는 것을 명심합시다. 에베소서 2장 5절 말씀은 "허물로 죽은 우리를 그리스도와 함께 살리셨고"라고 말씀하는데, 이때 "살리셨다"는 **과거형**입니다. 우리는 '이미 다시 살아난(부활) 것'입니다. 하이델베르크 교리문답 17주일 45문답은 부활을 설명하면서 "그의 능력으로 말미암아 우리도 이제 새로운 생명으로 다시 살아**났**습니다."라고 합니다. 역시 **과거형**으로, 우리는 '이미 다시 살아**났**(부활)'습니다.

이것은 생래적으로는 이해할 수 없는 출생이며, 결국 모조리 죽음으로 귀결지어질 수밖에 없는 인생에 생명을 창조하신! 부활의 하나님의 위대한 사역입니다!

이 신비를 품고 살아가기

박해의 시기를 살아갔던 초대교회의 성도들은 “나는 부활하신 예수 그리스도를 믿습니다”라는 고백을 신앙의 핵심으로 여겼습니다. 그만큼 ‘부활’이라는 주제는 신자의 사활이 걸

린 문제였습니다.

왜일까요? 왜 기독교 신앙을 갖는다는 것은 '부활의 주'를 믿는 것과 동일시되었을까요? 또 맹수에게 찢기고 십자가에 매달려 불타면서도 그들이 신앙했던 '부활의 주'라는 건 사실은 무엇을 의미하는 것이었을까요?

그것은 하나님께서는 "죽은 자의 하나님이 아니라, 산 자의 하나님"(마 22:32)이시라는 것입니다. 그리스도인들이 믿고 죽었던 그 하나님은 **'부활의 하나님'**, 곧 언제나 '생명의 하나님', '죽은 이에게도 생명을 주실 수 있는 하나님'이셨던 것입니다.

하나님은 세상을 처음 지으실 때 생명을 주셨습니다(없는 것에서 있는 것을 주심). 그리고 아브라함과 사라는 생산할 수 없는 중에 생산하였습니다(역시 없는 것에서 있는 것을 주심). 이제 더불어 신자에게 중생, 곧 거듭남을 주십니다(또한 없는 것에서 있는 것을 주심).

우리는 **이 모든 것이 지시하고 있는 한 점**을 바라봅니다. 곧 하나님은 "생명을 주시는 하나님"이시며, "죽은 자를 살리시며 없는 것을 있는 것으로 부르시는 이"(롬 4:17)라는 사실이며, 이 '생명의 하나님'을 가장 뜨거운 방식으로 구속 역사 안에 구현하신 것이, 죽음을 파괴하시고 무덤의 문을 여셔서 생명을 얻으신 **'그리스도의 부활'**이었습니다!

어떻습니까? 나는 **"이제 이 부활이 내게도 주어졌습니다!"**라고 고백하며 살아가고 있습니까? 나는 생의 종국이 죽음일 뿐이라는 절망에서 생명의 하나님으로 인해 거듭났기 때문에, 더 이상 이 세상의 어떠한 좌절도 나를 넘어뜨릴 수 없는 '부활한 자'라는 의식을 갖고 살아가고 있습니까? 나는 넘어지더라도 결코 좌절하지 않는(고후 4:9) 완연한 생명을 소유한 자로 오늘 하루도 서 있습니까?

담대하십시오. 사망은 여러분을 정복할 수 없습니다.

지하철에서 내리기 전에, 잠깐 묵상

여러분은 '내가 믿고 중생했다는 사실'을 어떤 방식으로 받아들이고 있습니까?
그것은 혹 과거에 있었던 어떤 일일 뿐이어서, 오늘 피로에 지친 나에게는 그다지 중요한 일이 아닐 수도 있습니까?
그렇지 않습니다. 중생은 그 자체로 내가 살았다, 곧 죽음으로부터 다시 살아남, 곧 '부활'했다는 의미이며, 하나님은 이렇게 산 자들의 하나님이십니다. 그렇다면 우리는 죽음을 극복합니다.

> "내게 능력 주시는 자 안에서 내가 모든 것을 할 수 있느니라." (빌 4:13)

제6장

주께서 승천을 통해 알려주려 하신 것

"하늘에 오르셨고,
전능하신 하나님 아버지의 우편에 앉아 계시는데"

주님의 승천에 대한 질문

개인적인 생각으로는, 그리스도의 학교의 좋은 학생이 된다는 것은 말씀에 대해 끊임없이 질문하면서 **"왜?"라고 묻는**

것이라고 생각합니다. "왜?"에는 두 방법이 있는데,

- 의심과 회의를 가지고 "왜?"를 하는 방법
- 사랑과 경외를 담아 "왜?"를 하는 방법

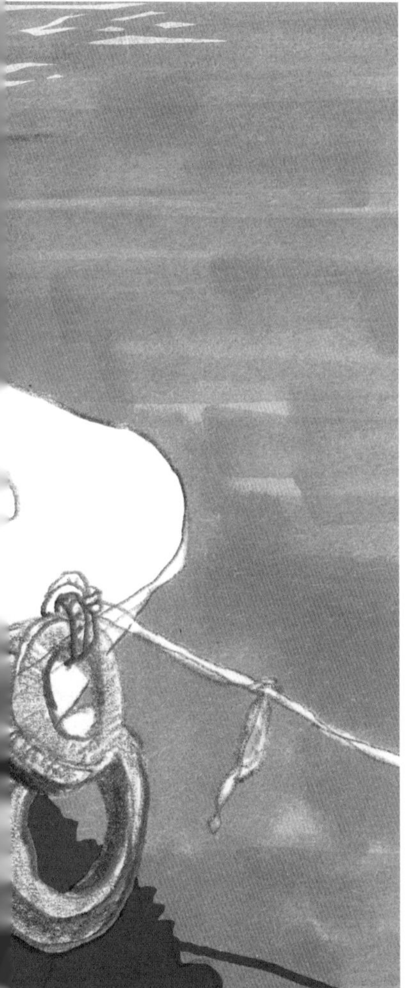

이렇게 두 가지 방법입니다.

당연히 그리스도의 학교의 좋은 학생이 된다는 것은 후자의 경우입니다. 우리는 말씀을 '의심하면서' "왜?"라고 질문하지 않습니다. 현대의 어떤 사람들은 말씀에 대해 합리적인 의심을 하는 것이 신앙에 유익하다고 생각하는 이들이 있고, 또 이런 사람들 중에는

> "그렇기 때문에 나는 우리 아이에게는 신앙을 강요하지 않을 거야. 아이가 자라서 스스로 결정할 나이가 되면 스스로 결정하게 할 거야"

라고 하는 이들도 있습니다. 하지만 이런 생각은 '인문주의적'일지는 몰라도 성경적이지는 않습니다. 주위에서 가끔 인문학을 가르치는 것이 마치 신앙을 잘 가르치는 것처럼 생각하는 사람들을 보게 되는데(특히 교육 수준이 높은 이들 중), 종교 개혁기 이후 정통신앙을 가진 이들이 가장 경계했던 것이 프랑스 혁명이 가져온 인문주의적 사고방식이었음을 반드시 기억해야 합니다. 제 주변에만 봐도 어렸을 적부터 인문학 교육을 열심히 시켜 아이가 불신자가 된 경우가 꽤 있습니다.

오히려 신자에게 요구되는 "왜?"의 자세는, **하나님을 더욱 알고자 하는 열망에서 생기는 궁금증**입니다. "도대체 이

런 게 맞을 리가?"라는 관점이 아니라, "하나님께서는 **어떤 의도를 갖고** 이런 일을 하셨을까요!"라는 태도로 대하는 것이지요. 하나님을 **사랑하고 경외하기 때문에**, 하나님께서 우리에게 보여주시고 알려주신 일들에 대해 **놀라움과 경탄을 가지고** 더 알려고 하는 것! 바로 그것이 신자에게 요구되는 바른 방식의 "왜?"입니다.

그러면 여러분은 사도신경의 이 부분, 곧 그리스도께서 부활하신 후의 **'승천'의 일에 대하여** 질문해 보신 적이 있나요? 부활은 그나마 관심받는 영역이지만 승천은 관심과 먼 것이 현실입니다. 심지어 한국 교회에서는 '승천일'은 거의 기억되지도 않습니다. 혹 이 질문에 익숙하지 않으시다면, 지금이라도 해 보시기 바랍니다. 이렇게 물어봅시다.

> "주님은 부활하신 후, 왜 계속해서 제자들과 계시지 않고 하늘로 올라가셨을까요?"

아니 뭐 당연한 거니까 질문할 필요가 뭐가 있나 하시는 분들도 계실지 모르겠습니다. 하지만 정말 주님께서 부활하신 후에 하늘로 올라가셔야 하는 일은 **그렇게도 당연한 일**일까요? 다른 데로 가셨거나 어디에 숨으실 수도 있는 것이

아닙니까? "그렇게 부활하신 후 예수님은 제자들과 행복하게 잘 살았답니다"라고 동화처럼 마무리할 수는 없었던 것

일까요? 아니면 예수님 시대의 거짓말쟁이들처럼, “죽은 후에 대충 숨기려면 승천했다고 적당히 말해 버리는 편이 좋

아"라고 사도들이 모의를 꾸몄다고 생각하시는 것은 아니시겠지요?

승천, 그리고 책망

사도행전의 첫 장에는 그리스도께서 승천하실 때의 장면이 나타나 있는데, 여기를 보면 성경은 분명히 그리스도께서 승천하실 때를 **"저희가 모였을 때"**(행 1:6)라고 말씀하고 있습니다. 왜 주님께서는 하시려는 때 아무 때나, 사람들과 상관없이 그냥 하늘로 올라가시지 않으셨을까요? 왜 주님께서는 굳이 하늘로 오르는 장면을 **제자들에게 보여주려** 하셨을까요?

사도행전에는 분명히 주님께서 승천하시는 장면을 제자들에게 보여주려 하셨다는 의도가 드러납니다. 예수님께서 하늘로 올라가셨을 때 "제자들이 하늘을 쳐다보고 있었다"(10절)고 하고, 그 때문에 천사의 코멘트도 나옵니다.

> "어찌하여 서서 하늘을 쳐다보느냐, 너희 가운데서 하늘로 올려지신 이 예수는 하늘로 가심을 본 그대로 오시리라."(11절)

사도행전은 주님의 승천을 제자들에게 의도적으로 보여주셨다는 사실과 그로부터 깨달아야 할 교훈을 분명 함께 말하고 있습니다. 재미있는 사실은 칼빈 선생님은 이 부분을 주석하실 때 이를 **'천사의 책망'**으로 본다는 점입니다. 주님의 승천과 그것을 올려다보고 있던 제자들, 그리고 이에 대한 천사의 책망의 내용을 칼빈 선생님은 이렇게 설명합니다.

> "그들이 책망을 받은 것은 구름이 그들 사이를 가로막아 **육체적 감각으로는 그를 볼 수 없게 됐을 때**에 그들이 주님을 **육안으로 보려고** 했기 때문이다……그러므로 우리가 이 구절에서 배워야 할 것은 **믿음으로 말미암지 않고는 하늘에서도 땅에서도 우리가 그리스도를 찾아서는 안 된다**는 사실이다. 더욱 이 세상에서 육체적으로 우리와 함께 계시기를 바라서는 안 된다는 사실을 배워야 한다."

칼빈 선생님에 의하면 주님께서는 의도적으로 제자들에게 승천 장면을 보여주셨지만 이들이 그 장면을 보면서 **'육체적 방식으로'** 이해해서는 안 되었습니다. 그리고 이것을 거꾸로 말하자면 이런 뜻이 됩니다. 우리 주님께서는 **승천하시는 장면을 통하여 이 땅의 것이 아닌 '하늘'을 제자들이 발견하고 깨닫기**를 바라셨습니다!

눈을 들어 하늘에로

정교회 사제이며 탁월한 예배신학자인 알렉산더 슈메만은 예전서이면서 동시에 세계관과 가치관에 관한 책인 『세상에 생명을 주는 예배』(복있는 사람, 2008)에서 예배의 핵심을 '변모시키는 것'이라고 하였습니다. 그리고 이때 '변모'의 핵심은 **'땅의 것'의 '하늘의 것'으로의 변모**입니다.

슈메만은 이 책의 앞부분에서 오늘날 기독교가 가진 두 가지 방향의 세속성을 정의하는데, 한편은 **'세상에 함몰'**되는 세속성이고, 다른 한편은 **'세상으로부터 도피'**하는 세속성입니다. 첫 번째의 것이야 워낙 교회들이 세속화되다 보니 우리에게 익숙한 것이지만 두 번째의 것, 그러니까 세상으로부터 도피하는 것, 그래서 세상을 포기하는 것, 곧 경건주의적, 영지주의적, 수도원 주의적 종교에의 함몰 또한 세속주의라고 말하는 것은 신선한 자극을 줍니다.

그리고 이런 통상의 기독교적 양식에 반하는 그의 주장의 핵심이 이것입니다.

> "인간은 세상을 자신의 몸속에 받아들여 그것을 자기 자신으로, 자신의 살과 피로 변모시켜야 하는 존재다......세상은 '재료', 즉 만물을 포괄하는 한 거대한 성만찬을 위한 재료

연합을 위해
찢겨진 조각

로 창조되었고, 인간은 이 우주적 성례의 제사장이 되라고 창조되었다." (알렉산더 슈메만, 『세상에 생명을 주는 예배』에서)

예배가 이 주제의 핵심이 되는 이유는, 겉으로 보기에는 단지 물질로만 보이는 이 세계를 **하늘의 것으로 치환할 수 있는 존재로** 우리가 부르심을 받았기 때문이고, 예배가 바로 이 일을 가능케 하는 **기본적인 동력**이기 때문입니다.

즉 우리는 **'몸으로'** 예배하는 일을 통해 세상을 **'영으로'** 변모시키는 자들입니다. 여기 '육체'와 '영' 간의 긴밀한 연합이 있으며, 우리의 지향점이 있습니다. 우리는 땅에서 살면서, 땅을 하늘로 바꾸어 저 하늘을 바라보게끔 만들어야 하는 자들인 것입니다. 하이델베르크 교리문답이 승천을 이런 관점에서 기술하고 있는 점에 주의를 기울입시다.

49문 : 그리스도께서 하늘에 오르심은 우리에게 어떤 유익을 줍니까?

답 : ……셋째, 그리스도는 그 보증으로 그의 성령을 우리에게 보내시며, 우리는 성령의 능력으로 말미암아 그리스도께서 하나님 우편에 앉아 계신 **위의 것을 구하고 땅의 것을 구하지 않습니다**(빌 3:20; 골 3:1).

성찬의 신비, 그리스도와의 연합

개혁파는 성찬론에서 루터파를 비판하면서, 루터파의 성찬론에는 승천의 의미가 필요 없어진다는 점을 강조했습니다. 루터파는 '공재(共在)'를 지지했는데, 이는 부활하신 그리스도의 몸의 기본적인 속성은 '편재(遍在)'이기 때문에, 우리의 몸과는 달리 전 세계 어느 곳에든 한꺼번에 동시에 존재가 가능하다는 것입니다.

하지만 개혁파는 이렇게 하면 **승천의 의미가 사라진다**는 점을 잘 알았습니다. 주님께서 이미 온 세상에 다 편재해 계시는데, **굳이 하늘로 올라가셔서 거기에 계실 이유가 없는 것**입니다. 만약 주님의 몸이 편재한다면 주님은 지금 보좌 우편에도 육으로 계시지만, 내 바로 옆에도 육으로 계신 것이 됩니다. 정말 성찬 때 주님이 '몸이 되어 이 떡 안에 함께' 계신다면, 그렇다면 주님은 왜 굳이 승천하신 것입니까? 개혁파는 이 점을 잘 지적했던 것입니다.

이러한 연유로, 개혁파는 성찬 때 고대교회부터 전례(liturgy)에 있었던 **"수르숨 코르다(Sursum Corda)", 곧 "마음을 드높이"**를 중요하게 생각합니다. 성찬을 받을 때 우리는 '그리스도의 몸을 하늘로부터 땅으로' 끌어내리지도 않고(화체설에 반대함), '그리스도께서 이미 편재해 계시므로 아무 데

내 살은

참된

양식이요

내 피는

참된

음료로다

나 계셔도 상관이 없음'에도 반대하며(공재설에 반대함), 오히려 땅에 오신(성육신) **그리스도께서 성령님을 통하여** 이제 우리를 **'하늘로 들어 올리심'**에 초점을 맞추는 것입니다. 그리스도/성령님께서 '땅에 오신 이유'는 우리를 '하늘로 들어 올리시기 위함'이며(아타나시우스가 이렇게 말했습니다), '그리스도 승천의 이유'는 **우리의 지향점이 '하늘에 있음'**을 보여주시기 위함입니다.

그런 점에서, 승천의 강조점인 "우리 역시 그리스도와 함께 하늘에 있습니다"라는 주제를 성찬보다 더 잘 보여줄 수 있는 방편은 이 세상에 없습니다. 뿐만 아니라 이 '변모의 힘', 곧 "이제 하늘에 속하였으니, 세상으로 나아가서 이 땅의 것을 하늘의 것으로 변모시키는 삶을 살아갑시다!"라는 결단에 성찬보다 더 적합한 것은 없습니다('물질'일 뿐인 떡이 '영적 양식'이 되는 변모가 성찬 상에서 일어납니다!).

주님은 바로 이 사실을 알려주시기 위하여 '제자들이 보는 가운데' 승천하셨으며, 우리는 이 주님의 가르침 때문에 지금도 땅에 살면서 눈을 들어 하늘을 바라보는 자가 되었습니다!

지하철에서 내리기 전에, 잠깐 묵상

나는 '신자로서 세상을' 살아가고 있습니까, '세속인으로 교회에서' 살아가고 있습니까? 누군가 이런 말을 한 적이 있습니다. "교회 안에 불신자가 너무 많다!"

그리스도인이 된다는 것, 교회의 일원이 된다는 것은 (할례가 보여주듯이) 세상적 사고를 끊고 하늘을 바라보며 살겠다는 의미입니다. 나는 오늘 어떻게 살았나요?

"오직 주 예수 그리스도로 옷 입고 정욕을 위하여 육신의 일을 도모하지 말라." (롬 13:14)

제7장

심판의 역설

"거기로부터 산 자들과 죽은 자들을
심판하러 오실 것입니다."

새로운 창조에 연결되는 멸망 : 홍수와 세례

최근에 창세기를 설교하면서 노아 홍수에 대해 깊이 고민할 시간이 있었습니다. 노아 홍수를 찬찬히 살피면서 더욱 생각하게 된 사실은 성경이 계속해서 **멸망의 홍수**를 **창조 주제**와

연결시키고 있더라는 사실입니다.

예를 들면, 노아는 홍수가 다 끝난 후에 아담이 받았던 창조 명령을 다시 받습니다. 하나님은 첫 사람 아담에게 "생육하고 번성하여 땅에 충만하고 정복할 것"(창 1:28)을 명령하셨는데, 창세기 9장에 보면 노아 홍수가 끝난 후에도 하나님께서는 노아와 그 아들들에게 같은 것을 명령하십니다.

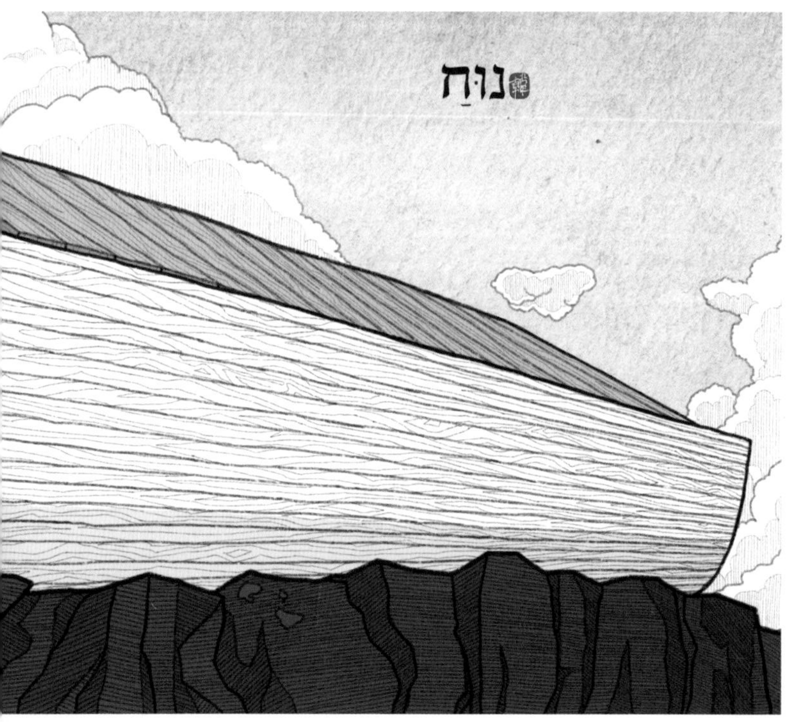

"하나님이 노아와 그 아들들에게 복을 주시며 그들에게 이르시되 생육하고 번성하여 땅에 충만하라."(창 9:1)

이는 홍수가 '새로운 창조'임을 잘 보여주는 말씀입니다.

또 홍수로 인하여 물이 창일하여 온 세계가 다 물로 덮여 있을 때, "바람이 불었다"(창 8:1)라고 되어 있는데, 히브리어로 '바람'(루아흐)은 '성령'과 같은 단어이기 때문에 이 장면은 창조 시에 성령께서 수면 위에 운행하셨던 일(창 1:2)을 연상시킵니다.

홍수 후에 방주는 "일곱 달"만에 아라랏산에 "머물"렀는데(창 8:4), 여기에서 히브리어는 "머무르다"라는 자리에 동사 '누아흐', 곧 '안식하다'라는 단어를 사용합니다. 창조 때 7일째의 안식과 홍수 후 7개월째의 안식이 겹쳐 보이는 순간입니다.

이런 여러 가지 증언들은 실로 홍수 후의 세계가 **재창조의 세계**였다는 것을 보여줍니다. 모든 것이 멸망했으나 '새로운 시작'이었습니다. 노아와 그의 가족들 외에는 아무도 존재하는 사람이 없었으므로 그들은 '새 아담들'이었고, 방주에 탄 동물들은 '모든 생물들의 처음'이었습니다. 즉 멸망의 홍수에는 그 정반대 편에 '새로운 시작', 즉 '재창조'라는 주제가 들어 있습니다.

이렇게 '멸망'을 '새로운 시작'이라는 개념과 연결할 때, 이것을 **'구속'**의 관점에서 보는 것은 매우 중요합니다.

신약 성경에서 베드로전서는 홍수를 다루고 있는 중요한 본문인데 홍수를 이런 식으로 묘사합니다.

> "방주에서 물로 말미암아 구원을 얻은 자가 몇 명뿐이니 겨우 여덟 명이라"(벧전 3:20)

이 구절에서 아주 흥미로운 단어는 전치사 **"말미암아"**입니다. 우리는 보통 홍수가 멸망의 도구이기 때문에 거기에서 살아남았다면 물**'로부터**(from)' 살아남은 것이라고 생각하기 쉽습니다. 물은 '극복해야 할 대상'으로만 여겨지는 것입니다.

하지만 성경은 여기에 통상의 '부터'에 해당되는 전치사를 사용하고 있지 않습니다. 오히려 헬라어 성경은 우리말에서도 번역된 그대로 "말미암아", 곧 '무엇무엇 때문에'라고 해석되어야 하는 전치사를 사용하고 있습니다. 이 말은 노아와 그의 가족들은 **'물로부터'** 구원받은 것이 아니라 **'물 때**

문에' 구원받았다는 것입니다. 이렇게 읽는다면 홍수의 물은 분명히 '멸망의 방편'인데, 노아의 가족들에게 있어서는 홍수의 물이 오히려 '구원의 방편'이게 됩니다. 그리고 이런 생각은 베드로전서의 바로 그 다음절이 또한 지지하고 있습니다. 다음 절은 이렇습니다.

> "물은 예수 그리스도의 부활하심으로 말미암아 이제 **너희를 구원하는 표**니 곧 **세례**라. 이는 육체의 더러운 것을 제하여 버림이 아니요, 하나님을 향한 선한 양심의 간구니라."(벧전 3:21)

홍수에 대해 별반 생각이 없이 성경을 읽던 독자라면, 들고 있는 물잔을 탁! 하고 떨어뜨릴 수 있는 놀라운 말씀입니다. 왜냐하면 이 절의 "물"은 분명히 바로 그 앞 절의 **'홍수의 물'**을 가리키고 있는 것이 분명한데, 성경은 이 홍수의 물을 **'세례의 물'**이라고 받고 있기 때문입니다!

세례의 물! 우리가 다 고백하는 대로 세례의 물은 '구원의 물'입니다. 우리는 세례의 물을 통하여 죄 씻음을 받고 하나님 나라의 백성이 되었습니다. 세례의 가장 중요한 의미는 '죄 씻음을 받았다'는 것이고, 또 다른 중요점은 '교회의 회원으로 받아들여졌다'는 것인데, 이 둘이 모두 신자에게는

'새 생명'을 의미하는 것입니다. 그런데 이 새 생명을 의미하는 세례가 '홍수의 물'로 설명되고 있으니 그야말로 놀라운 일입니다.

구속 섭리의 오묘함 : 생명은 죽음 위에 세워진다

바로 여기에 하나님의 구속 섭리의 오묘함이 있고, 바로 여기에 하나님께서 세상을 움직여 가시는 일의 기이함이 있습니다. 말하자면 새로운 생명의 출생은 **이전 세계의 멸망의 터전 위에 있는 것**입니다.

헤르만 헤세의 『데미안』에 보면 그 유명한 '아프락사스'가 나옵니다.

> "새는 알을 깨고 나온다. 알은 새의 세계(世界)다. 태어나려는 자는 한 세계(世界)를 파괴하지 않으면 안 된다. 새는 신(神)을 향해 날아간다. 그 신(神)의 이름은 아프락사스(Abraxas)다."

헤세는 소년의 성장통을 주제로 소설을 쓰면서 새가 알에서 나와서 새로운 세계를 만나기 위해서는 반드시 그 이전의 세계인 '알의 세계'를 파괴해야만 한다는 이야기를 했습니다. 어쩌면 그가 비록 성장 이후에 기독교의 세계를 떠나 불교에 심취했음에도, 기본적으로는 아프락사스의 개념을 성경에서 따왔는지도 모르겠습니다. 왜냐하면 성경은 **새 생명**

"새는 알을 깨고 나온다. 알은 새의 세계다.
태어나려는 자는 한 세계를 파괴하지
않으면 안된다. 새는 신을 향해
날아간다. 그 신의 이름은
아프락사스다."
헤르만 헤세

으로의 출생인 세례가 죽음의 터전 위에서 세워짐을 말하고 있기 때문입니다.

로마서 6장 3절 말씀,

"무릇 그리스도 예수와 합하여 세례를 받은 우리는 그의 죽으심과 합하여 세례 받은 줄을 알지 못하느뇨",

이어지는 4절 말씀,

"그러므로 우리가 그의 죽으심과 합하여 세례를 받음으로 그와 함께 장사되었나니",

그리고 5절 말씀,

"만일 우리가 그의 죽으심을 본받아 연합한 자가 되었으면 또한 그의 부활을 본받아 연합한 자가 되리라."

성경에서 **'새 생명'은 '죽음 다음에 오는 일'**입니다. 아무도 죽지 않으면 새롭게 태어나지 못합니다. 세례란 죽음의 의식입니다. 고대 교회의 의식대로 물속에 수세자를 잠글 때 그의 옛사람은 '죽은 것'입니다. 그리고 물로부터 들어 올려질 때 그는 '새로운 생명으로 태어남', 곧 '다시 살아난 것(헬라어로는 위로부터 난 것)'이 됩니다.

홍수의 물은 이런 방식으로 하나님의 구속 경륜의 성격을 놀랍게 보여줍니다. 멸망은 단지 멸망이지 않습니다. 멸망은 오히려 새로운 창조의 전초입니다. 이것이 바로 하나님께서 홍수를 통해 세상을 멸망시키셨을 때의 방식이고, 이것이 바로 신자가 죽고 새롭게 살아나는 방식입니다.

게 느꼈다.
제 아무
리
100%.
人間은 존재하지
않는다
HANS

그렇다면, 신자가 바라보아야 할 하나님의 심판

그렇다면 우리는 '하나님의 심판으로서의 멸망'이라는 주제를 새로운 관점으로 볼 수 있게 됩니다. 통상 '심판'이란 두려운 것입니다. 심판은 피하고 싶은 것이며, 결코 좋은 것일 수 없습니다. 그래서 "심판을 사모한다"는 말은 어불성설이며, 있을 수 없는 일입니다.

하지만 성경은 심판을 '무섭고 두려우며 할 수만 있으면 피하고 싶은 것'으로만 그리고 있지 않습니다. 성경에서 심판 곧 죽음은 자주 **새 생명을 잉태하기 위한 하나님의 구원의 방편**입니다.

1) 나훔 1장은 북이스라엘을 멸망시킨 앗수르의 수도였던 니느웨를 하나님께서 심판하시겠다고 하시는 말씀입니다. 말하자면 나훔서는 심판을 통하여 이스라엘의 대적을 멸절시키겠다고 하는 하나님의 결연한 의지입니다.

나훔서는 그 시작에서부터 말합니다. "여호와는 질투하시며 보복하신다!", "보복하시며 진노하신다!", "자기를 거스르는 자에게 보복하시며 진노를 품으신다!"(나 1:2) 이 "보복"과 "진노"의 반복을 여러분은 평안한 마음으로 읽을 수 있습니까?

그런데 우리는 나훔서의 이 무서운 하나님의 진노와 보복이 무엇을 위한 것인지를 이어지는 말씀에서 금세 발견하게 됩니다. 니느웨가 이렇게 “가시덤불같이 엉크러졌고 술을 마신 것같이 취하여 마른 지푸라기같이 타게 된 것”(나 1:10)은 **‘유다의 구원을 위한 것’**이었습니다. 여러분은 이 무시무시한 말씀 바로 다음에 “아름다운 소식을 알리고 화평을 전하는 자의 발이 산 위에 있도다!”(나 1:15)라는 선언이 등장하는 것을 알고 있습니까? 진노와 보복! 곧 하나님의 심판이 유다의 구원의 근거가 되는 것입니다.

2) 다들 이사야 35장의 말씀에 익숙하실 것입니다. “그때에 맹인의 눈이 밝을 것이며 못 듣는 사람의 귀가 열릴 것이며”(5절), “저는 자는 사슴같이 뛰고 말 못하는 자의 혀는 노래할 것”(6절)입니다. “뜨거운 사막이 변하여 못이 되고 메마른 땅이 변하여 원천이 될 것”(7절)이며 “여호와의 속량함을 받은 자들이 돌아오되……머리 위에 영영한 희락을 띠고 기쁨과 즐거움을 얻을 것”(10절)입니다.

하지만 여러분은 이 놀라운 기쁨과 회복의 말씀이 이사야 34장과 연결되어 있다는 것을 알고 있습니까? 이사야 34장은 **‘열국의 심판’의 장**이며, “하늘의 만상이 사라지고 하늘들이 두루마리 같이 말리되 그 만상의 쇠잔함이 포도나무 잎

내 생각에도
봄이 왔으면
좋겠어...
얼른...
HANC

이 마름 같고 무화과 나무 잎이 마름 같으리라."(사 34:4)는 말씀의 장입니다.

성경은 심판 후에야 새로운 시작이 옴을 여러 방법으로 말씀하고 있습니다.

이 사실을 곰곰이 생각해 보면, 신자는 멸망이 몰아치는 상황 속에서 하나님의 커다란 손을 보게 됩니다. 심판이 몰아치지만 그것은 적어도 신자에게는 '멸망을 위한 것'이 아니라 '새로운 시작을 위한 것'이 되기 때문에 신자는 두려워하지 않아도 됩니다. 첫 세계의 멸망이었던 노아의 홍수는 세례처럼 새로운 생명의 시작이었습니다. 그러므로 마지막에도 그러할 것입니다.

> "하나님의 날이 임하기를 바라보고 **간절히 사모하라**. 그날에 하늘이 불에 타서 풀어지고 물질이 뜨거운 불에 녹아지려니와, 우리는 그의 약속대로 의가 있는 곳인 **새 하늘과 새 땅을 바라보도다**."(벧후 3:12-13)

기묘한 대립이 여기 있습니다. 세상은 첫 심판 때 물에 멸망한 것처럼, 이제 두 번째 심판 때는 불에 멸망할 것입니다.

그러나 세계의 멸망 속에서, **두 눈에 기대감을 가득 품고** 기다리고 있는 기이한 자들이 있습니다. **세상의 심판을 통해 새로운 세계를 여시는 하나님**을 알고 있기 때문에 심판을 두려워하지 않고 “새 하늘과 새 땅을 눈을 들어 바라보는” 이들이 있는 것입니다. 이들이 바로 우리, 신자들입니다.

루터 선생님은 『탁상담화』에서 자기가 병에 걸려서 몹시 약하게 되었던 때를 회상하며 이렇게 이야기했습니다.

> “얼마 전에 병에 걸려 아주 약하게 된 상태에서 하나님께 나 자신을 의탁할 때, 장차 영원한 생명을 얻게 되는 날 맛보게 될 기쁨이 어떤 것이며 얼마나 클까 하는 생각이 많이 스치고 지나갔습니다. 그날에는 그리스도께서 우리에게 전해 주셔서 우리가 믿음으로 받아들인 것이 확연하게 드러날 것입니다. 이 땅에 사는 동안은 새로 창조될 세상이 어떤 것인지 알 수 없습니다. 우리의 이해력에는 큰 한계가 있어서, 지금 이 세상과 그 안의 무수한 피조물들, 눈에 보이는 물질로 된 이것도 우리는 다 알 수 없기 때문입니다……우리 주 하나님께서 잠시 있다 사라질 이 세상, 하늘과 땅과 그 안에 있는 것들을 창조하실 때도 이렇게 눈부시도록 아름답게 지으셨거늘, 저 영원한 하늘나라를 지으

실 때는 얼마나 더 영광스럽고 아름답겠습니까?"(마르틴 루터, 『탁상담화』에서)

우리의 이해는 연약하여 하나님께서 주실 새로운 세계를 다 알 수 없습니다. 아니 사실은 상상조차 잘 할 수가 없습니다. 그러나 우리는 죽음을 변화시켜 생명으로 만드시는 세례의 능력을 붙들고 있기 때문에, 심판을 통하여 여시는 새 세계가 놀라울 것임을 고대할 수 있습니다.

사도신경은 그리스도에 대한 마지막 고백을 **"다시 오실 것", 그런데 "심판하러 다시 오실 것"**으로 고백하며 마칩니다. 하지만 왜 그리스도인들은 이렇게 심판을 위해 다시 오실 심판주를 기다립니까? 그것은 하나님의 백성들인 우리들에게는 이미, 마지막 궁극의 심판이 궁극의 구원이 될 그것이 약속되었기 때문입니다.

지하철에서 내리기 전에, 잠깐 묵상

'상상력'에 대해 생각해본 적이 있으신가요?
상상력은 어떤 경우에는 하나님 나라를 향한 우리의 기대와 기다림을 부추길 수 있습니다. 그렇지만 어떤 경우에는 마치 여호와의 증인들의 그림에서 흔히 보듯이(온갖 짐승들과 각국 인종들이 즐겁게 웃고 있는) 마지막 도달할 낙원을 '지극히 인간적 관점에서'만 보게 만들 수도 있습니다.
우리는 인정해야 합니다. "새 하늘과 새 땅을 전혀 상상할 수도 없어요"

> "……강 좌우에 생명 나무가 있어 열 두 가지 실과를 맺히되 달마다 그 실과를 맺히고 그 나무 잎사귀들은 만국을 소성하기 위하여 있더라." (계 22:2)

제8장

우리는 하나님이신 성령님을 믿습니다

"나는 성령을 믿습니다"

성령님은 하나님이시다

사도신경의 마지막 단락은 **"나는 성령님을 믿습니다"**라는 고백입니다.

사도신경은 성부, 성자, 성령 하나님께 대한 고백으로 되어 있고, 각각의 부분에 "믿습니다"라는 신앙고백이 붙어 있습니다. 우리말 사도신경에는 "성령님을 믿습니다" 다음에 "거룩한 공교회와 성도의 교제, 사죄, 육의 부활, 영생"을 "믿습니다"라고 '믿는다'를 두 번 말함으로써, 성령을 믿는 것과 그 다음의 것들을 믿는 것이 두 번 있는 것처럼 보이지만, 사도신경의 라틴어 판에서도 헬라어 판에서도 '믿는다'(라틴어로 '크레도', 헬라어로 '피스튜오')는 말은 한 번, 성령님께 대해 말할 때밖에 나타나지 않습니다. 즉 우리말 번역에서는 어쩔 수 없는 언어적 특성 때문에 그렇게 처리했지만, 원래 사도신경의 의미는 이하의 모든 내용이 성령님을 믿는다는 내용 안에 포함되어 있는 것입니다.

이렇듯 사도신경에서 삼위 하나님에 대한 우리의 고백은 일목요연하게 **"믿는다"**라는 통일된 어구로 표현됩니다.

우리는

"전능하신 하나님 아버지 천지의 창조주"로서 성부를 믿고,

"그분의 독생자, 우리 주 예수 그리스도" 곧 성자를 믿으며, 나아가 "성령님을" 믿습니다.

이렇게 구조적으로 놓고 볼 때 성령님과 관련되어 마땅히 강조되어야 할 점은 성령님의 **'성부, 성자 하나님과의 동등성'**입니다.

성령님을 사도신경의 고백을 따라 '성부, 성자와 동일하신 하나님'으로 이해하는 것은 매우 중요합니다. 왜냐하면 우리는 전통적으로 교회 안에서 성령님을 **어떤 능력이나 기운**, 내 속에 있는 어떤 것, 심지어는 내가 어떻게 해 볼 수 있는

Drawing
Same Thing
But differently
韓

대상으로 여기는 경향이 많았기 때문입니다. 이것은 많은 은사주의적 교회들에서는 일상적인 것이고, 심지어는 그렇지 않은 교회들이라 하더라도 일반의 교회에서 성령님을 이해하는 매우 통상적인 방식입니다.

이런 경향은 찬송가를 보면 잘 알 수 있습니다. 개정 찬송가에서 카테고리 분류상 '성령'으로 표기된 부분이 182장에서 197장인데, 이 부분의 찬송들을 살펴보면 대부분 **사람의 힘을 북돋는 기운과 같은 것을 노래하는 찬송들**입니다. 말하자면 찬송가의 성령 부분에는, 찬송가 앞부분에 자리하고 있는 삼위 하나님에 대한 송영 같은 '하나님을 향한 찬송'은 거의 없고, 집회에서 분위기를 북돋기 위한 찬송이 대부분인 것입니다.

사실 성령님을 이런 방식으로 생각하면 성령님을 하나님으로 대하기 힘들어집니다. "성령의 불길로 태우소서"와 같은 식으로만 성령을 사용한다면(찬 197장, 192장 등), 성령님은 **마음을 뜨겁게 변화시키기 위한 첨가제** 같은 것이 되어 버립니다. 성령님을 인격적인 하나님으로 여기기가 어렵게 되는 것입니다.

하지만 성경의 증거

하지만 성경은 성령님을 이런 방식으로 묘사하지 않습니다.

예수님은 요한복음 14장 16절에서 이렇게 말씀하셨습니다.

> "내가 아버지께 구하겠으니 그가 **또 다른 보혜사를** 너희에게 주사 영원토록 너희와 함께 있게 하리니"(요 14:16)

예수님께서 성령님을 "또 다른 보혜사"라고 부르셨다는 사실은 두 가지를 동시에 말하는 것입니다. 첫째, 예수님께서 먼저 보혜사라는 의미요, 둘째, 성령님과 예수님이 동등하시다는 것입니다.

사도행전 5장도 생각해 봅시다. 아나니아와 삽비라가 땅값을 속였을 때 베드로가 이렇게 말합니다.

> "어찌하여 사탄이 네 마음에 가득하여 **네가 성령을 속이고** 땅 값 얼마를 감추었느냐?"(행 5:3)

베드로는 분명히 그들이 "성령을 속였다"라고 하였습니다.

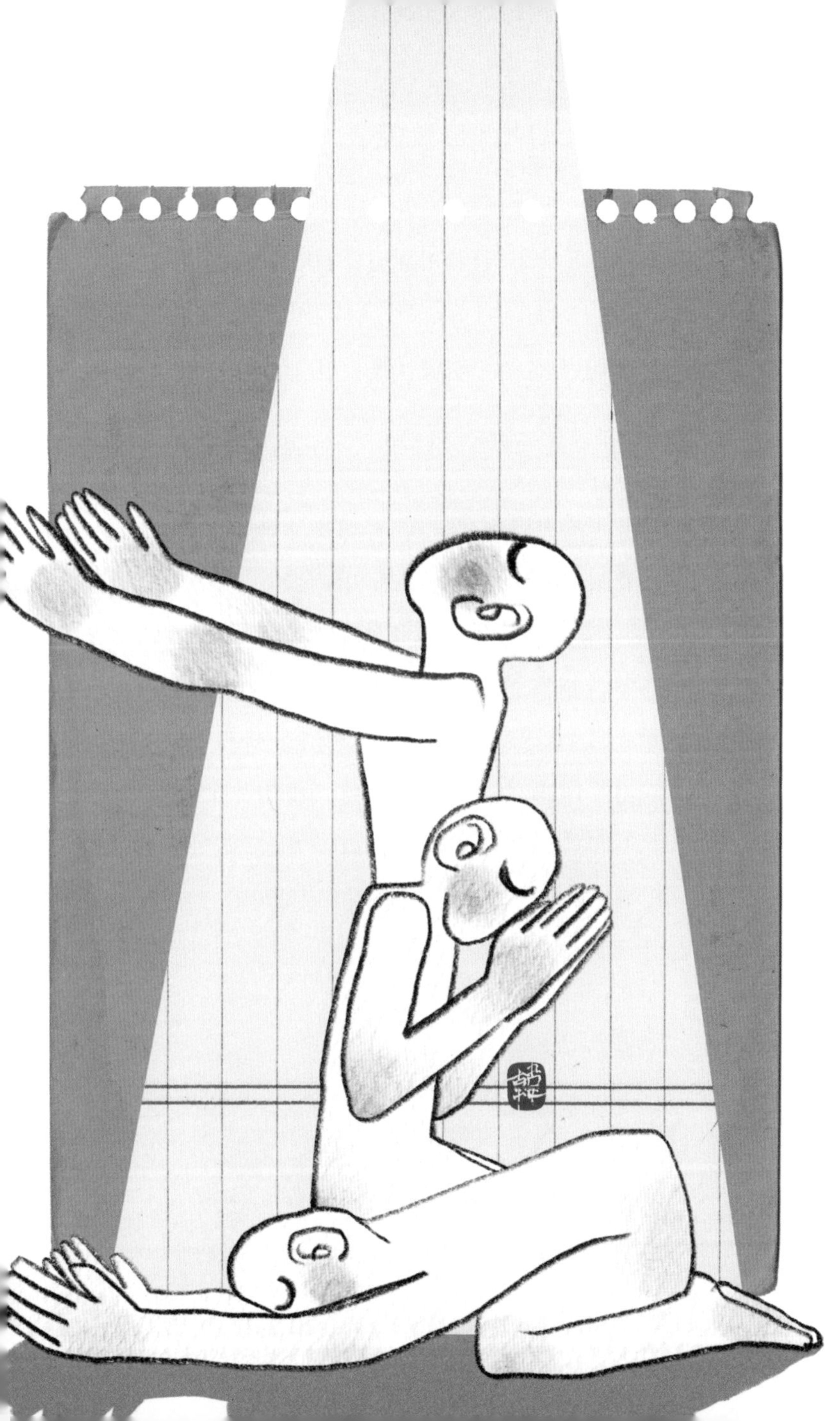

하지만 이어지는 4절을 보면 이렇게 되어 있습니다.

"사람에게 거짓말한 것이 아니요 **하나님께**로다."

성경의 이런 진술은 성령님께서 단정코 하나님이심을 증언합니다.

심지어 성자께서 성육신, 곧 육신을 취하시는 장면에서의 성령님의 역할은, 오히려 성자를 압도하는 듯이 보이기도 합니다. 왜냐하면 성자께서 성육신하실 때 그 행위의 주체가 되시는 분이 다름 아닌 성령님이시기 때문입니다.

"천사가 대답하여 이르되 **성령이 네게 임하시고** 지극히 높으신 이의 능력이 너를 덮으시리니 이러므로 나실 바 거룩한 이는 하나님의 아들이라 일컬어지리라."(눅 1:35)

순종을 요구하시는 하나님

이 사실, 곧 우리가 성령님께 대하여 배우려 할 때, 무엇보다도 성령님께서 하나님이시라는 사실에 착념해야 한다는 사실이 우리에게 깨우쳐주는 것은 무엇입니까? 성령님을 단지 우리 속에 있는 어떤 기운 같은 것으로 여기지 아니하고, 성부 성자와 **함께** 하나님이시라고 고백하는 것은 실천적으로 우리의 삶에, 우리의 신앙생활에 어떤 여파, 어떤 영향력을 나타내게 되나요?

*참고 ; 하이델베르크 교리문답은 성령님을 고백할 때 "성부 성자와 같이/처럼"이라고 하지 않고 "성부 성자와 함께"라고 하였는데, "같이/처럼"이라 하면 '닮은 꼴'이 되어, 원본과는 다르게 될 수밖에 없기 때문입니다. 성령은 성부와 성자와 "함께" 하나님입니다

성령님께서 성부, 성자와 함께 하나님이시라는 사실은 우리로 하여금 성령님께 **'순종해야 한다'**는 사실을 일깨워줍니다. 우리는 성령님을 '불러낼 수도', '마음속에 불일 듯하게 할 수도', '부흥사가 손에서 성령님을 발사할 수도', 혹은 '내가 원하기만 하면 기도라는 것을 도구로 언제든지 나와서 작용하게 할 수도' 없다는 사실을 명확하게 이해하고 받아들여야 합니다. 즉 우리는 성령님을 '사용'할 수 없고, 도리어

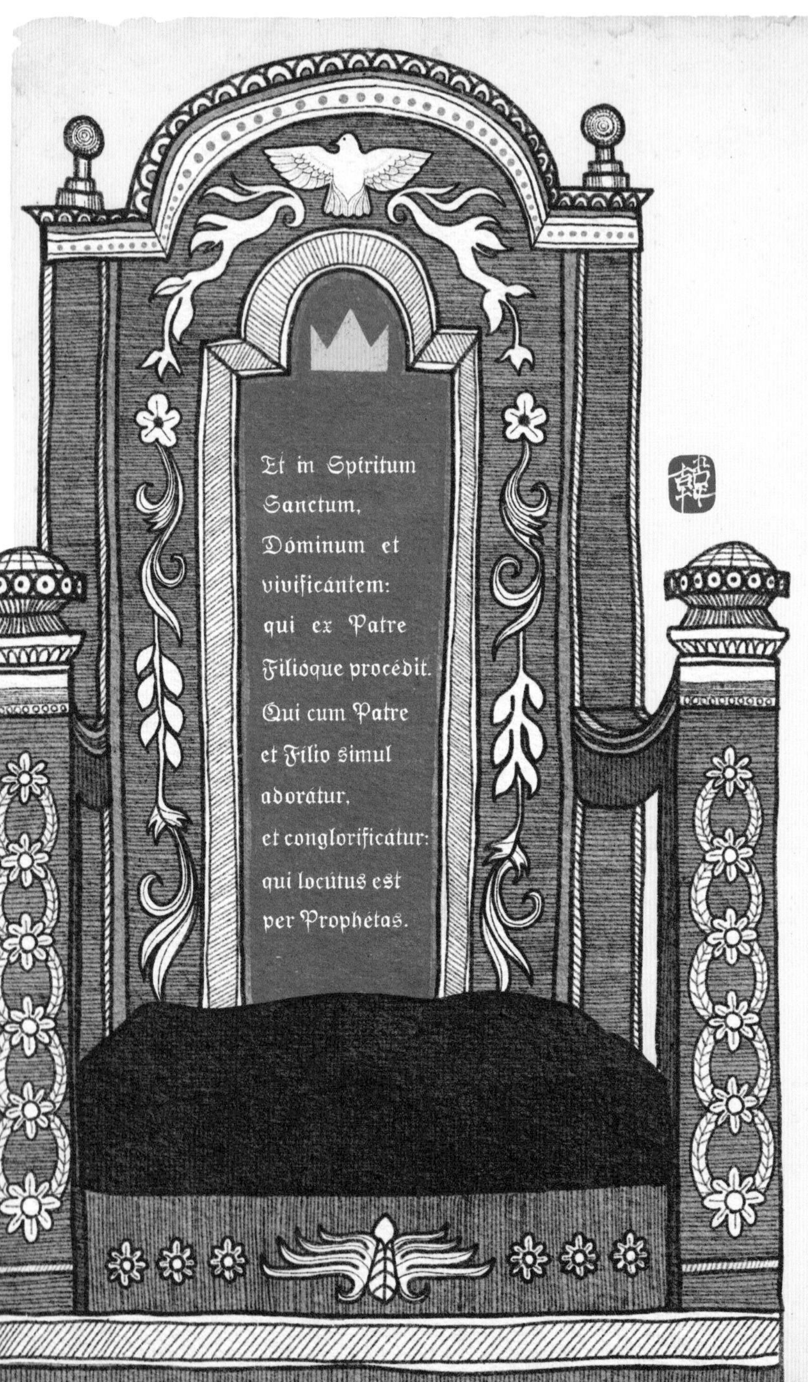
Et in Spiritum
Sanctum,
Dóminum et
vivificántem:
qui ex Patre
Filióque procédit.
Qui cum Patre
et Filio simul
adorátur,
et conglorificátur:
qui locútus est
per Prophétas.

성령님께 '순종'해야 합니다.

고린도전서 3장 16절 말씀은 유명한 말씀입니다.

> "너희는 너희가 하나님의 성전인 것과 하나님의 **성령이 너희 안에 계시는 것**을 알지 못하느냐?"

어떠신가요?

이 말씀을 들으면 성령님은 '내 속에 계신 것'으로 느껴지시나요? 성령님은 내 속에서 작용하는 어떤 것처럼 생각되시나요?

우리는 종종 '성령의 내주'를 말하기 위해 이 구절을 사용하는데, 이때 성령의 내주라는 것은 많은 이들에게 많은 경우에서 마치 성령님께서 '나의 소유'인 것처럼 느끼게 합니다. 그래서 수많은 신자들이 성령님을 생각할 때 **'자신의 정서', '자신의 감정', '자신의 충동'과 구별하지 못하고 혼동**하는 것입니다. 어떤 사람이 "지금 내 안에서 성령님께서 말씀하고 있어!"라고 말한다면, 그때 그 사람은 자신의 감정이나 격정인지, 곧 순간적으로 일어난 정서적 충동인지, 아니면 정말 성령님의 감화인지를 어떻게 구별할 수가 있습니까? 우리는 너무 쉽게 성령님께서 '내 속에' 계신다고 하여 '내 것으로' 여기고 있지는 않습니까?

하지만 사실은 고린도전서 3장의 이 말씀은, **정반대의 진리**를 말해 주고 있습니다. 이렇게 생각해 보면 이해하기 어렵지 않습니다.

> "하나님의 말씀이 나를 '성령의 전'이라고 불렀다면, 그 말씀은 거처가 된 내가 그 거처의 점유자인 성령님의 주인이라는 의미인가, 거꾸로 오히려 거처인 내 몸의 주인이 성령님이라는 의미일까?"

이것은 사실 자명한 것입니다.

고린도전서는 문제가 아주 많았던 고린도 교회를 배경으로 하고 있습니다. 그리고 "너희가 하나님의 성전이다"라는 3장의 말씀은, 그 앞에 고린도 교회의 악한 상황들이 선 진술되고 난 후에 등장하는 메시지입니다. 1장은 온갖 파당과 무분별한 은사로 인한 다툼을 꾸짖으며, 2장은 복음을 말하면서 "말과 지혜의 아름다운 것이 아님"(2:1), 곧 "사람은 성령의 것을 알지 못한다"는 말씀입니다. 3장의 "너희가 성령의 전이다"라는 말씀은 이 다음에 등장합니다. 곧 **"너희가 아직도 육신에 속한 자여서"**(3:3) **신령한 것을 이해할 수 없다고 하면서!** "그러나 너희가 하나님의 성전이며, 성령이 너희 속에 거하는 것을 알지 못하느냐?"라고 말씀하는 것입니다.

그렇습니다.

사실은 고린도전서의 "성령의 전"이라는 말씀은 내가 성령을 쥐락펴락 할 수 있다는 것을 말하려는 데 목적이 있는 것이 아니라, 오히려 정반대의 것, 곧 **질책이요 책망**으로서! **너희 몸의 주인이 누구인지**를 말하는 데 목적이 있는 것입니

다. 그러니까 이 말씀의 뜻은

> "너희는 너희 속에 성령께서 너희의 주인이 되시었는데도 불구하고, **왜 순종하지 않느냐?** 왜 거룩의 주께서 너희의 주인이신데, 너희는 육체의 정욕, 곧 다툼과 허영을 일삼고만 있느냐!"

라는 책망의 말씀인 것입니다.
그렇다면 사실은 분명해집니다.

- 우리는 성령님을 '소유'할 수 없습니다.
- 오히려 그분께서 우리를 '거처로 삼으실' 뿐입니다.
- 우리가 그분을 '품고' 있는 것이 아니라,
- 오히려 그분께서 우리를 '주관하고' 계신 것입니다.

단지 성령님께서 인격적이시기 때문에 우리를 억지로, 과격하게, 몰지각한 방식으로 몰아세우지 않으신다고 해서, 또 성령님께서 인격적이시기 때문에 우리를 들으시고, 우리에게 권고하시고, 우리를 '설복을 통하여' 올바른 길로 이끌려고 하신다고 해서, 즉 그분의 방법론이 온화하고 유순하다고 하여,

우리가 그분의 주인이 될 수는 없는 일입니다.

이 사실을 잘 기억하도록 합시다.

내가 성령님의 주인이 아니라,

성령님께서 나의 주인이십니다.

그분은 하나님이시며, 따라서 찬송 받으시기 마땅하신 분이십니다.

지하철에서 내리기 전에, 잠깐 묵상

한국교회 안에서는 '성령의 은사'가 '재능'과 거의 동의어로 사용되고 있습니다. 너무나 많은 신자들이 무분별하게 "형제님은 찬송에 은사가 있으시군요!" 따위의 말을 합니다. 여기에서 '은사'는 '소질'로 바꾸어도 아무런 이질감이 없습니다. 하지만 성령의 은사는 하나님이신 분께서 자신의 목적, 곧 교회를 세우시기 위하여 자기 백성에게 주시는 선물일 따름입니다.

> "각 사람에게 성령을 나타내심은 유익하게 하려 하심이라." (고전 12:7)

제9장

성도의 교제란 무엇인가?

"나는 거룩한 공교회와 성도의 교제와"

“성도의 교제가 무엇입니까?”

라틴어 사도신경이나 헬라어 사도신경 모두에서, 교회를 표현하는 말은 두 가지 내용이 한 줄에 나옵니다. 이걸 우리말

로 옮길 때도 그대로 옮겼기 때문에 우리가 외웠던 옛 버전의 사도신경에서 교회를 고백하는 부분은 "거룩한 공교회와 성도가 서로 교통하는 것을 믿습니다."라는 식으로 되어 있었습니다. 이걸 사람들이 오해를 해서 "거룩한 공교회"와

"성도" 이 둘이 서로 교통하는 것처럼 생각한 분들도 많았지만, 정확한 의미는 **"거룩한 공교회를 믿는다"**와 **"성도의 교통, 즉 성도의 교제를 믿는다"** 이렇게 둘을 믿는다는 뜻입니다. 비록 번역이 좋지 않긴 했지만, 어쨌거나 과거의 우리말 번역에서도 교회는 두 가지 내용이 한 줄에 표현되어 있었습니다. 이 둘을 정확히 말해보자면 이것입니다.

"거룩한 공교회, 즉 거룩하고 보편적인 교회를 믿습니다."
그리고 "성도의 교제를 믿습니다."

사도신경은 전통적으로 언제나 교회에 대해 말할 때 이 둘을 함께 말해 왔습니다. 우리는 "거룩하고 보편적인" 교회를 믿으면서, 동시에 "성도의 교제"를 믿습니다. 이 둘을 한 줄에 쓴 의도를 넣어서 이렇게 읽어 봅시다.

"나는 **거룩한 공교회, 곧 성도의 교제**를 믿습니다."

사도신경이, 그리고 옛 교회들이, 이렇게 신앙을 고백하는 신조의 교회론에서 '성도의 교제'를 언급한 것, 심지어 "교회가 곧 성도의 교제이다"라고까지 말한 것은 무슨 이유 때문일까요? 성도의 교제를 오늘날 많은 사람들이 이해하는 것처럼 단지 교회당에서 모인다 뿐, 그저 '친목 모임의 한 형태'로서만 이해하는 것은 신앙고백이 지시하려는 방향을 올바르게 이해한 것일까요? 디트리히 본회퍼는 저 유명한 『신도의 공동생활』(대한기독교서회, 2010)에서 이렇게 말한 적이 있습니다.

> "그리스도가 나와 다른 사람 사이에 존재하기 때문에, 나는 **다른 사람과의 직접적인 교제를 갈망해서는 안 된다**……정신적 사랑은 타자의 삶을 자기 손아귀에 넣으려 한다. 그러나 영적 사랑은 타자의 참된 형상을 **예수 그리스도로부터** 보려 한다."(디트리히 본회퍼, 『신도의 공동생활』에서)

논점은 선명합니다. 성도의 교제는 **'사람 간의 사귐'이 아니라는 것**입니다!

'상크토룸 콤뮤니오'에 대한 세 가지 이해

그렇다면 성도의 교제란 무엇일까요? 이를 이해하는 가장 좋은 방법은 교회가 전통적으로 성도의 교제를 무엇이라고 이해해왔는지를 살피는 것입니다.

사도신경의 교회에 대한 고백부는 앞의 '상크탐 에클레시암 카톨리캄(sanctam Ecclesiam catholicam)', 즉 "거룩한 보편 교회를 믿는다"라는 말 뒤에 '상크토룸 콤뮤니오넴(sanctorum communionem)', 곧 "성도의 교제"가 덧붙여져 있는데, 여기에서 이 '상크토룸 콤뮤니오'를 무엇이라고 이해하느냐에 대해 **교회사 속에서 주로 세 가지 정도의 방식**이 있어 왔습니다.

첫째는 "성도의 교제"에서 "성도", 영어로 하자면 Saint를 **"성도(聖徒)"로 읽지 않고 "성인(聖人)" 혹은 "성자(聖子)"로 읽는 것**입니다. 천주교회에서 사도신경의 '상크토룸 콤뮤니오' 부분을 이해하는 방식입니다.

가톨릭 방송에서 미사 집전하는 것을 보신 분들이라면 이들의 사도신경에서 우리와는 독특하게 차이 나는 점을 한 가지 발견하실 수 있을 텐데 그것이 바로 이 부분입니다. 우리가 "성도의 교제를 믿습니다"라고 고백하는 부분을 이들은

"성인들의 통공을 믿습니다"라고 고백하는 것입니다.

(* 통공 : "공[功]이 서로 통한다", 곧 성인들의 공로가 우리들에게 연결될 수 있다.)

로마 가톨릭 교회는 우리와 같은 사도신경을 고백하지만, 우리가 "성도의 교제를 믿는다"라고 하는 부분을 "천상에 있는 성인들의 교회와 땅에 있는 성도들의 지상교회 간에 영적인 교제와 합일이 있다"는 것으로 이해합니다. 우리가 '성도'라고 해석하는 부분을 '성자 혹은 성인'이라고 해석하는 것이며, 따라서 우리가 '성도와 성도 간의 교제'라고 생각하는 것을, '땅에 있는 성도와 하늘에 있는 거룩한 성인들과의 교제'라고 생각하는 것입니다.

그리고 **둘째**는 우리의 방식입니다. 우리가 믿는 사도신경의 교회론은 "성도들의 교제"임, 곧 **하나님의 백성들 한 사람 한 사람을 "성도"라고 부르면서**, 여기에 상호 교제가 있다고 믿는 것입니다.

우리말로 '성도'라는 말이 일반명사처럼 되어 버려서, 이 단어가 이루고 있는 말들의 함의가 잘 드러나지 않아 아쉽습니다. '성도'라는 말은 헬라어에서는 '호이 하기오이', 즉 '거룩한'이라는 말에다 앞에 정관사를 붙인 것입니다. '거룩한 자들'이라는 것이죠. 이 명칭이 얼마나 위대하고 놀라운 말인지 여러분은 실감하십니까?

'거룩'이란 언제나 하나님의 성품인데, 우리는 거룩을 나눠 받아가진 자들이 되었다는 것입니다! 그리고 이 '하나님의 거룩'을 분여 받은 자들이 이제 상호 소통하게 되는데, 그것을 우리는 '성도의 교제'라고 부르는 것입니다.

에베소서 2장 말씀이 하나님의 백성인 우리를 "거룩하다!"라고 말하는 이 놀라운 구절을 곱씹어 보십시오.

"그러므로 아니다, 너희는, 외인도, 이방인도
오히려 이다, 시민, 거룩한 이들, 하나님의 가족"
(엡 2:19의 헬라어 순서대로의 사역)

우리는 '상크토룸'을 하나님의 백성인 자, 곧 거룩을 분여 받은 이로 이해하여 '성도'라고 말했고, 따라서 '콤뮤니오', 곧 '교통' 혹은 '교제'란 이 거룩한 이들인 성도들 간의 교제로 이해했습니다. 천주교에서 이를 '하늘에 있는 성자들과의 교제'로 읽은 것과는 상반되게 말입니다.

마지막으로 **셋째** 이해로는 이것을 '성도 간의 교제'도 '성도와 성자들 간의 교제'도 아닌 **'거룩한 것과의 교제'로** 읽는 방법입니다. 문법적으로는 이렇게 읽을 수도 있습니다. 이렇게 읽을 때는 이 문구는 주로 '성찬'을 가리킵니다. 고대로부터 예배는 곧 '미사'로 변질되어 가는데, 이 '미사'의 가장 강력한 특징이 미사에 참여한 사람들이 '거룩한 것', 곧 하나님께 바쳐진(봉헌) 떡과 포도주와 신비의 교제와 연합을 이루는 것이었습니다. 이렇게 볼 때는 사도신경의 교회론적 문구는 성도와 성찬물 간의 연합과 교제가 됩니다. 정확하게 말하자면 성도는 성찬의 떡과 포도주를 통하여 그리스도와 연합과 교제를 이룹니다.

코이노니아

오늘날의 한국 교회처럼 '성도의 교제'를 단순히 '사람들 간의 친교'로 이해하는 문화 속에서 이 '상크토룸 콤뮤니오'의 교회사적 해석들을 살피는 것은 커다란 유익을 줍니다. 왜냐하면 우리들에게는 이 '상크토룸 콤뮤니오'의 가장 중요한 요소, 곧 **'거룩한 것과의, 혹은 거룩한 이와의 교제'**라는 측면이 거의 간과되고 있기 때문입니다. 앞에서 살핀 세 가지 견해들 중 '우리 사람들끼리의 교제'처럼 보이는 둘째 견해의 입장에서도, 성도들 간의 교제는 결코 '사람 간의 사귐'이 아닙니다.

왜 교회 안에서 사람과 사람의 사귐이 '성도'의 교제가 되는가 하면, 사귀게 되는 그들이 **이미 그리스도로 인하여 거룩하게 되어**, 그들이 Saint, 마치 성자가 되었기 때문입니다. 즉 성도의 교제에서의 핵심은 교제를 나누는 당사자들이 **'거룩하다'는 데** 있습니다. 따라서 그것이 성자들과의 교제가 되었건 거룩한 것인 성찬물과의 교제가 되었건 언제나 교회사 속에서 상크토룸 콤뮤니오의 핵심은 **'거룩함과의 교제'**에 있었습니다. 그렇다면 여기에 우리들의 속된 개념인 '사람들 간의 친교'라는 것은 실은 사도신경의 성도의 교제

와는 전혀 상관없는 것이 되고 맙니다. 본회퍼가 앞에서 했던 말을 다시 곱씹어 보시기 바랍니다.

우리는 어떻게 거룩하게 됩니까?

우리는 무엇을 통해 거룩하게 되었으며, 그래서 우리의 교제가 '거룩한 이들의 상호 교통', 곧 '성도의 교제'가 되는 것입니까? 그것이 바로 "교회 곧 성도의 교제"가 위치하고 있는 사도신경에서의 자리입니다. 우리는 **성령님을 통해** 거룩하게 됩니다! 곧 교회도, 성도의 교제도, 모두 성령님의 사역인 것입니다.

빌립보서 1장 5절의 개역 한글판 말씀은 이렇게 되어 있습니다(개역 개정판에는 신학적 입장이 들어 있습니다).

"첫날부터 이제까지 복음에서 너희가 교제함을 인함이라"

여기 “교제” 곧 ‘코이노니아’가 나옵니다. 그런데 우리 번역은 이것을 “복음에서 교제”(개역 개정은 “복음을 위한 일에 참여”)라고 번역했습니다. 하지만 여기 사용된 전치사는 ‘에이스’(eis, 영 into)입니다. 즉 이 교제는 **복음 ‘속으로의’ 교제**인 것입니다.

이 말씀에 따르자면 **성도의 교제는 다름이 아니라 “복음 속으로 너희의 코이노니아”**입니다. 왜 우리가 ‘성도의 교제’라고 할 때 사람들과의 사귐으로만 이해할까요? 거기에는 빌립보서 1장 말씀에 대한 이해가 없기 때문입니다. 성도의 사귐은 **‘거룩한 것으로 들어가는 것’**입니다. 따라서 교적(教籍)만 가진다고 해서 결코 성도의 교제가 될 수 없습니다. 거기 그리스도가 없다면, 그리스도와 교회의 거룩함이 없다면, 그리고 거룩케 하시는 성령님의 역사가 없다면, 그것은 사람 사귐이지 성도의 교제가 아니게 됩니다. 코이노니아는 ‘거룩한 것으로의 들어감'이기 때문입니다.

고린도전서 1장 9절 말씀에도 코이노니아가 나옵니다.

> "너희를 불러 그의 아들 예수 그리스도 우리 주와 더불어 교제하게 하시는 하나님은 미쁘시도다"

앞의 빌립보서를 잘 이해하셨다면 고린도전서의 "교제"에서도 동일한 것을 기대하고 읽으실 수 있습니다. 개역 개정이 "우리 주와 더불어"라고 번역했을 때의 이 "더불어"의 전치사는 무엇일까요? 네, 역시 '에이스'입니다. 영어로 'into', 곧 '속으로', '안으로'입니다. 성경은 '우리 주님과의 교제' 역시 '그분께로 들어가는 것'으로 이해합니다. **코이노니아는 '참여'**인 것입니다.

결국 '상크토룸 콤뮤니오'의 역사적 이해와 성경의 '코이노니아'에 대한 이해는 동일한 점을 지향합니다. 성도의 교제란 언제나 **'거룩함으로의 들어감'**이라는 것입니다. 그것은 궁극적으로는 성령님을 통하여 그리스도께로 들어감이고, 예전적으로는 성찬을 통해서 주님의 몸을 먹고 마심으로 그분과 결합하는 것입니다.

성도의 교제가 이런 의미에서 출발해야 하기 때문에, 하이델베르크 교리문답은 이 부분을 질문할 때 "성도의 교제를 당신은 어떻게 이해합니까?"라고 물은 후에 '성도 간의 교제'를 먼저 설명하지 않습니다. 이 부분의 대답은 이렇게 되어 있습니다.

> "첫째, 신자는 모두 또한 각각 그리스도의 지체로서 **주 그리스도와 교제하며** 그의 모든 부요와 은사에 참여합니다. 둘째, 각 신자는 자기의 은사를 다른 지체의 유익과 복을 위하여 기꺼이 그리고 즐거이 사용할 의무가 있습니다."

하이델베르크 교리문답은 성도의 교제를 설명하면서 '성도들끼리의 교제'를 먼저 설명하지 않습니다. '주님과 교제하는 것', '주님의 모든 부요와 은사에 참여하는 것'을 먼저 말합니다. 앞서 설명한 이유와 같습니다. 성도의 교제란 언제나 '거룩함으로의 참여'이기 때문이며, 결국 성도의 교제의 핵심은 '그리스도께 접붙인바 되는 것'입니다.

'성도의 교제'를 '사람 사귐'으로 이해하는 풍토는 슬픕니다. 성도의 교제를 이 정도밖에 이해하지 못하기 때문에, 어떤 교회는 교제를 막고, 또 어떤 교회는 세상적 사귐만이 넘칩니다. 진정한 성도의 교제란 **'그리스도와의 사귐'이 풍성하게 드러나서, 그것이 성도들 간에 넘쳐나는 것**을 가리킵니다. 이 교제를 우리는 언제쯤 제대로 이해하면서 풍성히 누리게 될 수 있을까요?

지하철에서 내리기 전에, 잠깐 묵상

고린도전서 12장 13절 말씀은 우리가 어떻게 하나님의 교회, 곧 그리스도의 몸이 되었는가를 이런 방식으로 표현합니다.

> "우리가 유대인이나 헬라인이나 종이나 자유인이나 다 한 성령으로 세례를 받아 한 몸이 되었고, 또 다 한 성령을 마시게 하셨느니라." (고전 12:13)

당신은 어떻게 '거룩하게' 되어 '거룩한 몸'의 일원이 되었나요? 한 성령을 받아 한 몸이 되었고, 한 성령을 마셨기 때문입니다.

제10장

죄 사함과 거룩한 교회

"사죄와"

FACES IN FLOWERS

'죄 사함'과 교회의 위치

그리스도인은 누구나 '사죄', 곧 죄 사함을 믿습니다. 신자는 누구나 골로새서 1장 14절 말씀, "그 아들 안에서 우리가 구속, 곧 죄 사함을 얻었도다."라는 말씀을 믿고 고백합니다. 여기서 우리는 그 아들 안에서 구원/구속을 얻었는데, 문맥에서 "구원을 얻었다"는 말과 "죄 사함을 받았다"는 말은 같은 의미입니다. 에베소서를 보면 신자가 "예정을 입어 그 안에서 기업이 되었다"(엡 1:11)는 것은 "허물과 죄로 죽었던 너희를 살리신 것"(엡 2:1)입니다. 즉 '구원'과 '사죄'는 한 맥락에 놓여 있습니다.

그런데 여러분은 이 **'사죄의 위치'**, **'사죄가 이루어지는 좌소'**에 대해 생각해 본 적이 있습니까? 20세기와 21세기를 아우르는 한국 땅에서의 기독교 신앙은, 주로 '사적 복음', 곧 대학생 기독교 동아리들에 의한 개인적 전도가 폭발적으로 형성한, 혹은 그 이전부터 생각해 보자면 미국의 천막 부흥 집회의 영향을 받아 형성된, **'교회 없이 개인이 하나님을 만나는 사적 복음'에 경도된** 교회였다고 할 수 있습니다. 이런 신앙적 색채와 문화 속에서, '죄 사함의 좌소'는 과연 어디일까요?

사도신경을 살펴보면 이 '죄 사함'의 위치가 **상당히 우리**

의 상식과는 다른 곳에 자리 잡고 있음을 쉽게 알 수 있습니다. 여러분도 한 번 상상해 보십시오. 만약에 20세기와 21세기의 한국 교회의 정체성을 가진 채로 내가 사도신경의 작성자라면, 나는 '죄 사함'을 사도신경의 어디쯤 넣을 것 같습니까? 사도신경 전체의 신앙고백 중에 "나는 죄 사함을 믿습니다"는 내용은 어느 위치 정도에 들어가는 것이 적당할까요?

아마도 다수의 사람들은 이것을 '기독론'에 끼워 넣으리라 생각합니다. 가상으로 대략 끼워 맞춰 보자면 "본디오 빌라도 아래에서 고난을 받으사 십자가에 못 박히시고 죽으시고 장사되시고 음부에 내려가셨다가 사흗날에 죽은 자들 가운데 부활하셔서 우리의 죄를 모두 사하셨다." 정도가 될 것 같습니다.

하지만 실제 사도신경에서 '죄 사함'의 위치는 우리의 이런 상상과는 조금 다릅니다. 사도신경에서 죄 사함은 '성령론' 안에 위치해 있고, 그중에서도 특히 '교회론' 안에 위치해 있습니다. **"나는 죄 사함을 믿습니다"라는 고백은, "나는 성령을 믿습니다. 나는 거룩한 보편적 교회, 곧 성도의 교제를 믿습니다." 바로 그 다음에 나오는 것**입니다.

즉 우리는 알게 됩니다. '죄 사함'이 "거룩한 공교회, 곧 성도의 교제를 믿는다"라는 고백과 연결되어 있다는 사실을 말입니다.

HANS

고백서들의 통찰력

바로 이 주제가, 우리가 간혹 듣게 되는 "교회 밖에는 구원이 없다"는 이야기와 연결되어 있습니다. "교회 밖에는 구원이 없다"는 주제는 칼빈 선생님도 반복했지만, 기원을 따져보면 3세기의 교부 키프리아누스의 유명한 말, "교회를 어머니로 모시지 않는 자는 하나님을 아버지로 모실 수 없다(Habere jam non potest Deum patrem, qui ecclesiam non habet matrem)"는 말에서 유래한 것입니다. 그리고 이때 교회 밖에는 구원이 없다는 말의 핵심은 **'죄 사함이 교회를 통하여 주어지게 된다'**는 데 있습니다. 교회 안에서 죄 사함이 주어지기 때문에 이 교회의 바깥에서는 죄 사함을 받을 수 없고, 따라서 구원이 없다는 의미입니다(이는 수량적으로 단 한 사람의 예외도 인정하지 않겠다는 그런 의미는 아닙니다. 일반적인 의미에서 그렇다는 것이며, 교회가 존재할 수 없는 상황-예를 들면 북한과 같은 곳-을 여기 대입해서는 곤란합니다).

프레드 클루스터는 죄 사함의 교리에 대해 설명하면서

"거룩한 공교회란 성도의 교제인데, 이는 **오직 거기에 죄 사함이 있기 때문**이다." (Fred Klooster, 『Our Only Comfort』에서)

라고 요약했습니다. 이 문장 안에는 빛나는 통찰력이 있습니다. 바로 사도신경이 교회를 "거룩한 공/보편 교회"라고 고백할 때, 그 **"거룩"의 의미가 어디에 있는지를** 아주 명확하게 설명했기 때문입니다.

우리는 보통 교회를 '거룩하다'라고 표현합니다. 일반적으로 우리는 교회에 대하여 네 가지 속성을 말합니다. 니케아 신경에는 이 네 가지가 동시에 나와 있는데, "한, 거룩한, 보편적, 사도적 교회"입니다. 곧 교회는 '단일성(하나의)', '거룩성(거룩한)', '보편성(공/보편적)', '사도성(사도적)'이라는 네 성격을 갖고 있다는 것입니다.

이 중의 '교회의 거룩성'의 의미를 방금 이 말을 통해 깨달을 수 있습니다. "왜 교회가 거룩한가?"라고 묻는다면 대답은 "왜냐하면 **교회 안에 죄 사함이 있기 때문**입니다."라고 할 수 있다는 것입니다. '거룩'이란 반드시 '죄'와 관련되어 있고, 그러므로 우리가 교회를 "거룩하다"라고 고백한다면 이는 반드시 교회가 **'죄를 사하는 공동체임'**이 고백되고 있는 것입니다.

앞서 언급한 대로, 우리는 '사적 복음'의 풍토 속에서 자랐습니다. 구원이란 내가 하나님과 일대일로 맞대면해서 얻는 것이지, 교회를 중개자로 두는 것은 천주교에서나 하는 일이라고 생각하는 풍조 속에서 살아왔습니다. 이런 이유로 우리는 **'죄 사함'이 '교회를 통하여' 주어진다는 사실**, 곧 이천 년의 교회 역사 속에서 '항상 강조되어 왔던 그것', 보편신경(일반적으로 '보편신경'이라 함은, 통상의 모든 기독교로 불릴 수 있는 교회들 모두가 고백하는 신경으로 사도신경, 니케아신경, 아타나시우스 신경, 이렇게 셋을 가리킵니다)인 사도신경을 통하여 선명하게 고백되고 있는 그 '죄 사함의 좌소'를 무시하면서 살아왔습니다.

하지만 우리는 '거룩'의 근원이 어디인지, 우리의 죄 사함을 하나님께서 누구에게 주셨는지(다른 말로 하자면, 주님께서 천국의 열쇠를 어디에 주셨는지, 마 16:16), 곧 우리는 왜 교회를 어머니로 두어야만 하는 것인지, 다시금 어린아이처럼 배울 필요가 있습니다.

루터와 칼빈 선생님이 죄 사함에 대해서 어떻게 이야기하고 있는지를 들어봅시다. 먼저 루터 선생님은 소교리 문답에서 이렇게 설명합니다.

> "하나님께서 세상의 모든 교회를 불러 모으시고 깨닫게 하시고 성화시키시고 유일한 신앙 중에 예수 그리스도와 더불어 거하게 하심을 나는 믿습니다. 이 **교회 안에서** 예수 그리스도께서 날마다 그리고 풍성하게 **나의 모든 죄를, 그**

리고 모든 신자들의 죄를 사해 주시고, 마지막 날 그분께서 나와 모든 죽은 자들을 일으키셔서 나와 그리스도를 믿는 모든 이들에게 영원한 생명을 주실 것입니다." (루터의 소교리 문답 사도신경 제 3조)

마찬가지로 칼빈 선생님은 제네바 교리문답에서 이렇게 가르치고 있습니다.

104문 : 왜 **죄 사함에 대한 고백이 공교회에 대한 진술 다음에** 있습니까?
답 : 왜냐하면 먼저 하나님의 백성이 되고 그리스도의 몸인 교회와 한 지체가 되지 않으면 **누구도 죄를 용서 받을 수 없기 때문**입니다.

105문 : **교회 밖에는 저주와 죽음만이** 있습니까?
답 : 예 그렇습니다. 성도의 무리로부터 떨어져서 분파를 만드는 사람들에게는 구원의 소망이 의미가 없게 되는 것입니다.

Semper

Reformanda

בָּבֶל
韓

바벨탑과 주의 교회

창세기에서 11장과 12장은 긴밀하게 연결되어 있습니다.

우리는 창세기 11장에서 죄악이 만연한 도성 **'바벨'**을 만납니다. 여기에는 하나님을 대항하는 죄가 있었습니다. 그런데 우리가 바벨에서 주목해야 할 점은 바벨에 "여호와께서 강림"(창 11:5)하셨기 때문에 **죄악된 시도가 모두 좌절되었음에도 불구하고 죄의 싹은 사라지지 않았다는 점**입니다.

우리는 하나님께서 친히 강림하셔서 죄의 원인이 되는 것을 모두 흩어버리셨음에도 불구하고, 이들로부터 나뉘게 된 온 세상의 각양 언어를 가진 민족들이 이후로 오늘날에 이르기까지도 여전히 바벨탑과 똑같은 방식으로 계속해서 하나님을 좌초시키기 위한 죄악된 시도를 반복하고 있음을 잘 알고 있습니다.

결국 바벨을 통해 알 수 있는 중요한 사실은 **'세상이 죄를 소멸할 수 없다'**는 사실입니다(이에 대한 멋진 책으로 데이비드 반드루넨의 『하나님의 두 나라 국민으로 살아가기』를 추천합니다). 하나님은 바벨탑에서의 일과 같은 것을 통해, 크신 섭리의 뜻 안에서 세상의 죄를 **'억제'**하십니다. 어떤 때는 때리시는 일을 통해, 어떤 때는 내버려 두시는 일을 통해, 세상 속에서 죄를

'억제'하십니다. **하지만 바벨이 지시하고 있는 세상 왕국 안에서는 결코 죄가 '억제'될 수는 있어도 '소멸'될 수는 없습니다.**

따라서 바로 그 다음 장인 창세기 12장이야말로 이러한 세상적 진실에 대한 **'하나님의 응대'**라고 할 수 있습니다. 하나님은 세상을 향하여는 죄악을 분열시키고, 분리시키고, 멈추게 하시고, 억제하시지만, 이것이 하나님 대답의 끝은 아니었습니다. 오히려 하나님은 죄악을 **'참으로 소멸시킬 수 있는 공동체'**를 부르시는 방식으로, 이 죄를 끝장 내기로 결정하셨습니다. 그것이 바로 창세기 11장에 대비되어 있는 창세기 12장의 '아브라함을 부르시는 장면'입니다.

아브라함을 통해 일으켜지는 주의 나라, 곧 교회야말로 진정으로 죄를 소멸시킬 수 있는 공동체이며, 이것이 바로 하나님의 '바벨에 대한 대답', 곧 '죄에 대한 하나님의 솔루션'이었던 것입니다.

하나님은 창세기 22장에서 아브라함에게 이렇게 말씀하십니다.

> "내가 네게 큰 복을 주고 네 씨가 크게 번성하여 하늘의 별과 같고 바닷가의 모래와 같게 하리니, **네 씨가 그 대적의**

성문을 차지하리라."(창 22:17)

"네 씨가 그 대적의 성문을 차지하리라!"

성문을 차지하는 것은 전쟁의 승리를 의미합니다. 하나님께서는 바벨을 흩으셨어도 세상 왕국 그 자체를 통해서는 대적의 궤멸을 보장하시지는 않았습니다. 하지만 아브라함을 머리로 하는 **교회를 향하여는 이 약속을 주셨습니다.** 사탄의 궤계인 죄와 죽음은 아브라함을 통해 이루어지는 교회에서 진정한 소멸을 맞게 될 것입니다.

이 사실은 **신약성경에서 다시 반복**됨으로써, 아브라함과 같은 믿음을 가진 신약의 교회가 바로 그때 아브라함에게 주셨던 약속의 계승자임을 보여주고 있습니다. 그리스도께서 이 약속을 이어받아 말씀하십니다. 이 약속의 말씀은 부족하지만 용감하게 신앙을 고백했던 베드로에게 주시는 친절한 말씀 속에 포함되어 있습니다.

"너는 베드로라. 내가 이 반석 위에 내 교회를 세우리니, **음부의 권세가 이기지 못하리라.**"(마 16:16)

그리스도께서 베드로를 통하여 "세우시겠다"고 약속하신

교회는 "내 교회", 즉 주님의 교회입니다. 그리고 주님의 교회에게 주어진 약속은 아브라함에게 보장되었던 것과 같습니다. 곧 **"음부의 권세가 이기지 못할 것", 곧 "죄의 권능이 역사하지 못할 것"**이라는 약속입니다. "대적의 성문을 차지할 것"의 직접적인 성취입니다. 죄의 소멸은 바로 이 주님의 교회를 통하여 세상에 주어집니다.

"교회도 사람 사는 곳인데, 죄가 있는 게 당연하지!"

"물이 너무 깨끗하면 물고기가 못 사는 법, 목사가 너무 거~~룩하면 성도들이 싫어해요!"

"사람 바라보면 낙심하니까, 사람 보지 마시고 하나님만 바라보세요."

우리가 교회에서 흔히 듣는 이야기들입니다. 그리고 모두 잘 수긍이 되는 이야기들입니다. 우리는 모두 죄인들이니까요.

하지만 이런 이야기는 세속주의자들은 할 수 있어도, 적어도 '하나님의 거룩한 교회' 안에 있는 성도들이 해서는 안 되는 이야기입니다. 왜냐하면 교회는 **'죄가 있는 게 당연한 공동체'**가 아니라 **'죄를 죽이는 공동체'**, **'죄를 소멸시키는 공동체'**이기 때문입니다.

물론 우리는 죄를 짓습니다. 그러므로 교회 안에 죄가 단 한 톨도 없다는 이야기를 하려는 것은 아닙니다. 하지만 교회 안에서 죄가 발견될 때 그 때문에 괴로워하고 탄식하며 이와 싸우는 것과 교회 안에 죄가 있는 것을 당연시하는 것은 '전혀 다른 태도'입니다. **교회는 결코 죄를 '좌시해서는' 안 됩니다.** 교회는 죄를 소멸시키도록 부르심을 받았기 때문입니다.

지하철에서 내리기 전에, 잠깐 묵상

지난 주일에 참석한 교회의 예배는 어땠나요?
나는 습관적으로 예배에 참석하고, 건성으로 설교 말씀을 듣고 있지는 않나요?
나는 진심으로 교회 안에만 참된 죄 사함이 있음을 믿고 있습니까?

> "교회는 그의 몸이니, 만물 안에서 만물을 충만하게 하시는 이의 충만함이니라" (엡 1:23)

제11장

나는 육의 부활을 믿습니다

"육의 부활과"

시간에 대하여

아우구스티누스 선생님은 시간에 대해 설명하면서 **"과거는 기억 속에만 존재하고, 미래는 상상 속에만 존재하기 때문에, 우리에게 실제 존재하는 것은 현재 뿐"**이라고 말씀하신 적이 있습니다(아우구스티누스, 『고백록』에서).

생각해 보면 정말 그렇습니다. '과거'라는 것은 사실은 '실존'은 아닙니다. 과거는 언제나 우리의 기억 속에 존재할 뿐입니다. 이미 지나가 버렸으니 '실존'하지 않는 것이지요. '미래' 역시 마찬가지로 '존재하는 것'은 아닙니다. 미래란 오지 않았으므로, 우리의 상상 속에 있는 '개념'일 뿐 역시 '실존'은 아닌 것입니다. 그래서 결국 우리는 "존재하는 것은 언제나 현재뿐이다."라고 말할 수 있습니다.

여기가 바로 **신자가 현재를 충실하게 살아가야만 할 중요한 디딤돌**이 되는 지점입니다. "왕년에 내가 말이야"라고 과거에 치중해서 사는 사람치고 현재가 건실한 사람이 없고, "나중에 할게"라고 미래에 계속해서 짐을 떠넘기는 사람치고 역시 현재가 건실한 사람이 없습니다. 정말 우리는 '오늘을' 열심히 살아가야 합니다.

이런 시간에 대한 가치관을 갖고 생각하자면, 하나님은 우리들에게 "항상 현재형으로 명령하신다"라고 말할 수 있습

니다. 하나님은 우리들에게 '언약적 삶'을 요구하시는데, 그 '언약적 삶'이란 항상 **'현재에 충실한 삶'**인 것입니다. 과거나 미래에의 집착이 아닙니다.

그렇다면 '과거'나 '미래'는 신자에게 어떤 의미를 가질까요?

시간을 아우구스티누스의 말을 따라서 '현재'에 중점을 두어 생각할 수도 있지만, 약간만 관점을 바꾸어 보면 **'미래'에** 중점을 두어 현재를 재판단하는 것도 가능합니다. 이런 사색은 매우 흥미롭고 재미있습니다.

판넨베르크나 몰트만 같은 학자들은 '미래'에 대하여 사람들이 통상 생각하는 방식과는 약간 다르게 접근합니다. 우리는 보통 시간을 우리의 경험에 따라 판단하기 때문에 '과거에서 현재', '현재에서 미래'라고만 생각합니다. 말하자면 여기에는 '순서'라는 것이 있고, 반드시 "이전의 것이 이후의 것에 영향을 미친다"라는 방향성을 갖습니다. 거꾸로는 불가능합니다. 야구공을 배트로 치는 것이 먼저이고, 그 결과로 유리창이 깨집니다. 과속하여 달려오는 차가 원인이기 때문에 교통사고가 일어납니다. 우리의 경험에 비추어 보는 시간이란, 항상 **'시간상 앞의 것'이 '시간상 뒤의 것'을 지배**합

니다. 거꾸로는 불가능합니다.

그런데 이 신학자들은 약간 다르게 생각했습니다. **'미래가 현재를' 지배할 수도** 있다고 생각한 것입니다. 예를 들자면, 한 아이가 '현재' 어떻게 살아가고 있느냐는, 그가 '미래에 어떤 사람이 되기를 원하느냐에 의해' 결정될 수 있다는 것이지요.

흥미롭지 않습니까? 분명히 그 아이가 될 미래가 나중이고, 지금이 먼저임에도 불구하고, 나중의 것인 미래에 대한 소망이, 먼저의 것인 현재의 삶을 좌우할 수 있다는 것입니다. 아이가 축구선수가 되고 싶다면(미래), 지금 열심히 축구 연습을 할 것입니다(현재). 취업난을 살아가고 있는 대학생이 4년 후에 원하는 직장을 가기 위해서는(미래), 오늘 토익을 붙들고 도서관에서 씨름을 할 것입니다(현재).

우리는 일차원적으로, 항상 이전의 것이 나중의 것을 지배한다고만 생각합니다. 하지만 **하나님은 시간의 지배를 받지 않으시기 때문에**, 영원에 계시는 하나님께서 지으신 이 세계에는 '단순히 시간이 행하는 억압적 왕노릇과는' 상관없는 일들도 꽤나 있습니다. 어떤 신학자는 이것을 멋들어지게 표현하기도 했습니다.

"희망은 **역사 너머에서** 움직인다……왜냐하면 복음은 궁극적으로 역사의 우연성에 종속되지 않는 원천으로부터 비롯되기 때문이다."(캐롤 베일리 스톤킹, 『그리스도 안에서 나이 듦에 관하여』에서)

정말 그렇습니다. 신앙의 세계, 곧 영원 가운데 계신(영원은 '시간이 시작되기도 전'이나 '시간이 끝난 후'가 아닙니다. '전'이나 '후'라는 개념조차 시간에 종속된 개념이기 때문입니다. 시간 바깥에는 '전', '후'가 없습니다) 하나님께서 다스리시는 지배 속에 살아가는 신자에게는, **시간을 초월하여 있는 것**이 있는데, 바로 이것이 신자로 하여금 과거도 미래도 현재 속에서 살아 역사하게끔 만드는 동력이 됩니다.

과거는 현재에 어떤 영향을 미치는가: 세례와 과거

'과거'는 신자의 삶에 어떻게 영향을 미칩니까?

신자의 삶에 있어 '과거'의 일이라 할 수 있는 **'세례'를 '현재와 연결하여'** 생각해 봅시다. 여기 어떤 사람이 '현재'를 살아가고 있습니다. 이 사람에게 있어서 세례는 '과거의 일'입니다. 그는 과거 어느 시점에 세례를 받았습니다. 그렇다면 이 과거란 앞서 말씀드린 것처럼 그 사람의 '기억 속에만' 존재하는 것이기 때문에, 실존하고 있는 현재의 그의 삶에는 아무런 상관없는 것이 될지도 모릅니다.

하지만 성경이 '과거의 세례'가 '현재의 신자'와 어떻게 관련되고 있다고 말씀하는지를 한 번 들어보십시오. 로마서 6장 6절과 7절의 말씀입니다.

> "우리가 알거니와 우리의 옛 사람이 예수와 함께 십자가에 못 박힌 것은 죄의 몸이 죽어 다시는 우리가 죄에게 종노릇하지 아니하려 함이니 이는 죽은 자가 죄에서 벗어나 의롭다 하심을 얻었음이라."(롬 6:6-7)

이 말씀에는 동사의 **'과거형'**과 **'현재형'**이 정확하게 나눠

"우리가 유대인이나 헬라인이나 종이나 자유자나 다 한 성령으로 세례를 받아 한 몸이 되었고 또 다 한 성령을 마시게 하셨느니라."

[고린도전서 12장 13절]

어 있습니다.

6절에서 "우리의 옛 사람이 예수와 함께 십자가에 못 박힌 것"은 과거형입니다. 그러나 "우리가 죄에게 종노릇하지 아니하려"는 현재형입니다. 현재의 내가 죄에게 종노릇하지 않는 것은 과거의 내가 예수와 함께 십자가에 못 박혔기 때문입니다. 현재의 나는 과거를 통해 지금의 그리스도인으로 사는 것입니다.

그리고 7절에서 "죽은 자가 죄에서 벗어나"는 다시 과거형입니다. 하지만 "의롭다 하심"은 현재 완료형입니다. 현재 진행되고 있는 일이죠. 현재의 내가 그리스도 안에서 의로움을 입은 중에 살고 있는 것은 과거에 죄에서 벗어났기 때문입니다.

우리는 이 로마서 6장 말씀을 통해서, **'세례'라는 도구 때문에 신자에게는 '과거와 현재가' 넘나들고 있다는 것**을 발견하게 됩니다. 과거의 세례는 단순히 시간 저편으로 사라져 버려, 현재의 나에게는 단지 '기억 속에만' 존재하는 것이 아니게 됩니다. 왜냐하면 로마서 6장은 **'현재'** 내가 죄에게 종노릇 하지 아니하려 하는 것의 **근거**를 **'과거'** 내가 세례를 통하여 예수와 함께 십자가에 못박힌 사건에다 두고 있기 때문입니다. 과거의 세례가 현재의 나를 견인합니다!

통상적으로 우리는 대개의 경험에서 아우구스티누스 선생님의 말씀처럼 과거는 기억 속에만 있고 현재처럼 **실존하는 것이 아니라고** 생각하면서 살아갑니다(아니더라도 겨우 "라떼는 말이야!" 정도). 하지만 신앙의 세계 속에서 세례의 능력은 그렇지 않습니다. 신앙의 세계 속에서는 세례의 능력, 곧 과거의 경험일 뿐인 듯이 보이는 이것이, 현재의 우리를 '산 사람으로' 살아갈 수 있게 만들어주는 원동력입니다. 과거는 과거로 사장되어 있지 않고 현재에 영향력 있게 작용합니다. **나는 매일 매일 죽는데**(현재의 삶에서) 그것은 **내가 궁극적으로 죽었기 때문**(과거의 세례에서)입니다. 즉 신자에게는 과거의 세례가 현재의 죄를 이기며 살아가는 삶의 원동력입니다.

미래는 현재에 어떤 영향을 미치는가: 육의 부활과 미래

그러면 '미래'는 어떻습니까?

우리가 소위 '부활 장'이라고 흔히 부르는 고린도전서 15장을 보면 육의 부활의 신비를 매우 신비로운 용어들을 사용하여 설명한 후에("하늘에 속한 형체", "땅에 속한 형제", "썩을 것으로 심는 것", "썩지 않는 것으로 심는 것"등) "마지막 나팔에 우리가 순식간에 다 변화할 것"(고전 15:51)을 이야기합니다. "나팔 소리가 나면 죽은 자들이 썩지 않을 것을 입게 되고"(52절), "사망이 이김의 삼킨 바가 될 것임"(54절)이 응할 것이라고 합니다.

마지막 날 우리는 세례를 통하여 이미 경험한 **영의 부활**, 곧 영적으로 다시 살게 된 것, 죄로 말미암아 죽었던 우리가 그리스도로 말미암아 그 죽음을 떨치고 부활하게 된 것을 넘어서서, 이제 **육의 부활**, 곧 나팔 소리와 함께 죽었던 이들의 몸이 다시 무덤에서 일어나고, 살아 있는 우리는 공중으로 올려져 부활하신 그리스도의 몸처럼 변화됨을 경험할 것입니다.

이때 우리가 주목해야 할 것은, 사도께서 이 미래의 부활의 영광스러움, 몸의 부활의 신비를 설명하면서 **이 이야기의 결론으로** 무엇을 말씀하는지, 곧 이 미래 부활의 찬란한 염원에 대한 이야기가 무엇으로 귀결되는지에 관해서입니다. 이 장의 마지막은 이렇게 되어 있습니다.

> "우리 주 예수 그리스도로 말미암아 우리에게 승리를 주시는 하나님께 감사하노니 **그러므로** 내 사랑하는 형제들아 견실하며 흔들리지 말고 항상 주의 일에 더욱 힘쓰는 자들이 되라 이는 너희 수고가 주 안에서 헛되지 않은 줄 앎이라!"(고전 15:57-58)

아멘!

놀라운 사실은, 고린도전서가 부활에 대해 가르치면서 이 미래 부활의 영광을 결코 시한부 종말론자들의 태도처럼 **현실에의 비관으로** 연결시키지 않는다는 것입니다. 아니 거기까지 가지 않더라도, 이 장래 있을 영광스러운 부활을 **단순하게 '미래에 올 어떤 것이니 바라고 기대하기만 할 것'으로 여기는 데**에 그치고 있지도 않다는 것입니다. 생일이 얼마 남지 않은 아이에게 그 다가올 생일을 기다리는 것에는 **단지 '기다림'만** 필요한 것처럼, 그런 식으로 말하고 있지 않은 것입니다.

"나도 내 말이 이루어지는가
이루어지지않는가를 **깨어** 지켜보리라."

예레미아 1:12

오히려 고린도전서는 “너희가 미래를 기다리고 있으니,
현재에 어떠해야 할 것이다”라는 방식으로 말씀합니다!
고린도전서는 부활의 영광, 몸의 부활에 대한
신비한 가르침을 준 후에,
“그러므로! 견고하고 흔들리지 말라!”라고 말씀합니다!
언제 말입니까? ‘지금’입니다!
우리는 무엇을 발견하게 됩니까?
오지 않은 미래가 현재를 쥐고 흔들고 있습니다!
참으로 그렇습니다!
신자에게 있어서는 ‘미래’ 부활의 영광이,
‘현재’를 경성시키는 것입니다!

VANITAS
"전도자가 가로되 헛되고
헛되며 헛되고 헛되니
모든 것이 헛되도다
사람이 해 아래서 수고하는
모든 수고가 자기에게
무엇이 유익한고
한 세대는 가고
한 세대는 오되
땅은 영원히 있도다
해는 떴다가 지며
그 떴던 곳으로 빨리 돌아가고
바람은 남으로 불다가
북으로 돌이키며
이리 돌며 저리 돌아
불던 곳으로 돌아가고
모든 강물은 다 바다로 흐르되
바다를 채우지 못하며
어느 곳으로 흐르든지
그리로 연하여 흐르느니라
만물의 피곤함을 사람이
말로 다 할 수 없나니
눈은 보아도 족함이 없고
귀는 들어도 차지 아니하는도다"
[전도서 1장 1절-8절]

육의 부활을 믿는다는 것의 함의

그렇다면 마지막 날 우리들에게 무슨 일이 일어날까요?

무엇이 우리의 '소망'이 되며, 그리하여 현재의 삶을 경성케 하는 것입니까?

마지막 날 일어날 일들에서, 특히 "육의 부활과"에 초점을 맞춘다면, 먼저 주목해야 할 사실은 우리가 지금 죽어, 몸이 땅에 묻히고, 영혼은 하늘로 올라간다는 사실이 **'매우 비정상적'**이라는 사실을 먼저 깨닫는 것입니다.

하나님께서는 사람을 처음 창조하실 때, 육체와 영혼이 분리된 존재로 짓지 않으셨습니다. 사람은 '영육합일체', 곧 영혼과 육신이 분리될 수 없는 존재로 지어졌습니다.

> "여호와 하나님이 땅의 흙으로 사람을 지으시고 생기를 그 코에 불어 넣으시니 사람이 생령이 되니라."(창 2:7)

사람은 먼저 흙으로 빚어졌습니다. 이것은 '육'입니다. 그러나 성경은 이를 두고 아직 '사람'이라 부르지 않습니다. 다음으로 그 육에 '생기'가 불어 넣어졌습니다. 이것이 '영'입니다. '영'은 하나님의 숨이요, 하나님의 기운입니다. 이 영이 흙으로 빚어진, 그래서 사실 그것 자체만으로는(육 자체만으로는) 점토 인형과 다를 바 없는 육에 불어넣어질 때, 곧 하나님의 숨, 하나님의 기운인 영이 불어넣어질 때, 바로 그때 그 흙으로 빚어진 존재가 '생령(KJV: living soul, NASB/NIV/RSV: living being, ESV: living creature)'이 되었으며, 성경은 여기까지 된 존재를 **비로소 '사람'**이라고 부릅니다. 성경은 육만으로도, 영만으로도 사람이라 부르지 않고 '영육합일체'가 된 존재를 비로소 '사람'이라고 부릅니다.

따라서 사람이 죽을 때, 영혼은 몸을 떠나 하늘로 가고, 남은 몸은 땅에 묻히는 것은 매우 비정상적인 것입니다. 사람은 애초에 영육합일체로 지어졌기 때문에, 만약 죄로 말미암아 존재의 근원에까지 파괴되지 않았다면, 절대로 사람에게 영과 육이 분리되는 일 따위는 없었을 것입니다.

하지만 우리는 지금 땅에서의 삶을 모두 마치면 영혼은 몸을 떠나 하늘로 가고, 남은 몸은 땅에 묻힙니다. 비정상적인 일이요, 고통스런 일입니다. 죄가 우리에게 빚어낸 뼈아프고 애통한 현실입니다.

바로 이런 측면에서 '육의 부활'을 생각해야 합니다!

우리는 무엇을 기다리는 것입니까?

죄가 극복될 때! 그리스도께서 이루신 죄에 대한 승리가,

하나님의 구속 역사 전체를 다 마무리한 후, 그분께서 다시 오심으로 귀결되게 될 때! 그리하여 모든 역사가 끝나고 하나님의, 그리고 그리스도의 영구한 승리와 영광이 모든 피조세계에 울려퍼지게 될 때! **바로 그때 우리는 '육체도 부활' 합니다.** 마지막까지 드리워있던 죄의 그늘! 그야말로 그 최후의 죄의 보루까지도 무너뜨려진 후에, 우리는 '육체도 부활'하는 것입니다.

그래서 로마서 8장 22절 말씀은 "피조물이 지금, 모두 함께 탄식하고 고통하고 있다"고 말합니다. 그 탄식은 '무엇에 대한' 탄식입니까? 이어지는 23절은 그 대답을 주고 있습니다.

> "그뿐 아니라 또한 우리 곧 성령의 처음 익은 열매를 받은 우리까지도 속으로 탄식하여 양자 될 것 곧 우리 **몸의 속량**을 기다리느니라."(롬 8:23)

영의 속량을 받은 우리조차! 몸의 속량을 기다린다!

이 땅에서의 삶을 마치고 저기 천국에 가 있는 영혼들은 이제 더 이상 이룰 것이 없이 완전한 안식에만 머물고 있을까요? 아닙니다. **그들조차도 아직 기다리고 있는 것**이 있습

תְּאֵנָה
테에나

니다. 온 피조물들과 함께, 심지어 "성령의 처음 익은 열매를 받아" 구속함을 받은 이들조차도 아직 기다리고 있는 것이 있는데, 바로 그것이 '몸의 부활', 곧 영과 육의 세계 전체의 부활입니다. 우리가 살아가고 있는 세계는 바로 이런 세계입니다. 영혼이 속량함을 받았어도, 아직도 몸의 부활을 기다리면서 살아가고 있는 세계! 그것이 바로 지금 우리의 위치입니다.

여러분은 '몸의 부활의 영광스러운 그 날'을 상상해본 적이 있습니까?

아마도 지금 천국에 있는 우리의 형제, 자매들은 그 자체만으로도 하나님으로 인하여, 그리스도로 인하여 충분히 만족과 행복 속에 거하고 있을 것입니다. 하지만 그들에게는 **과거 그들이 경험했던 것들의 '결핍'**이 아직 남아 있습니다. 천국의 영혼들은 축구나 농구를 할 수 없고, 낚시를 다닐 수 없으며, 산들바람을 느낄 수 없고, 땀 흘리고 일을 한 후에 마시는 시원한 콜라의 청량감을 경험할 수 없습니다. 이것들은 '육체로만' 느낄 수 있는 하나님의 선물이기 때문입니다.

그러나 이 모든 것이 '장차' 이루어질 것입니다. 그리스도께서 모든 것을 완수하시는 그날! 영혼과 육체 모두가 완전한 구속 아래 놓여질 것입니다. 우리는 그날을 대망합니다!

그래서 우리는 매 예배 시간마다 이렇게 힘차게 외치는 것입니다. "나는 육의 부활을 믿습니다!" 아멘!

지하철에서 내리기 전에, 잠깐 묵상

지하철의 소리에 한 번 귀를 기울여 보세요.
철커덩 철커덩 하는 소리에 한 번 주목해 보십시오.
그리고 눈을 들어서 주변에 있는 피곤한 얼굴을 하고 있는 많은 사람들을 보십시오.
장래 부활을 기다리는 것을 깨달은 나의 눈에는,
이제 세상이 다르게 보입니까?

> "하나님의 날이 임하기를 바라보고 간절히 사모하라……우리는 그의 약속대로 의가 있는 곳인 새 하늘과 새 땅을 바라보도다." (벧후 3:12-13)

제12장

영원한 생명

"영생을 믿습니다. 아멘"

HANS

불멸에 관하여

기독교 교리와 영원에 관심을 가진 사람이라면, 한 번 정도는 **'불멸'**이라는 주제를 생각해 본 적이 있으실 것입니다. 이 단어에는 한자말로 용어가 정착된 우리네 입장에서는 '멸(滅)' 곧 '멸망'이라는 단어가 들어가 있지만, 이 용어의 기원, 곧 헬라 철학에 기초해서 생각하자면 의미적으로는 '불멸', 곧 '멸망이 없다'기보다는 **'불사' 곧 '죽음이 없는 것'**입니다. 헬라 철학에서, 특히 플라톤은 이 문제를 논할 때 '불사'라는 특성을 **'신과 인간을 간격 짓는 요소'**라고 생각했습니다. 불사는 신들에게만 있는 것이요, 사람에게는 죽음이 있는 것입니다. 즉 신은 불멸의 존재요, 인생은 필멸의 존재입니다(여기서는 '불멸'과 '불사'를 혼용해서 사용하겠습니다).

기독교회는 고대로부터 헬라 철학의 영향을 받아왔기 때문에 이런 헬라의 '불사'에 대한 관념이 교회 안에서 **'영혼불멸'**과 같은 교리를 만들어냈습니다. 영혼은 죽지 않는다는 것이지요. 그리고 이런 경향은 지속되어 아마 오늘날에도 많은 그리스도인들에게 영혼의 불멸성에 대해 질문을 한다면 별 의심 없이 "영혼은 불멸이다"라고 대답할 것입니다. 우리의 사고체계 깊숙이에 이미 '육은 사멸하는 것이요, 영혼은 영원하다'라는 사고가 깔려있는 것입니다.

하지만 이런 생각이 과연 성경에 기초한 것일까요? 정말로 그 본연에 있어 육은 사멸하는 것이고 영혼은 영원한 것일까요? 이를 좀 더 구체적으로 물어보자면 과연 우리 인생에게 속한 것 중 무엇이라도 하나님으로부터 말미암지 않음에도 **본성적으로** '영원할 수 있는' 것이 존재할 수 있으며 존재해도 되는 것입니까?

불가능합니다. **존재의 근원 자체이신 하나님으로 말미암지 않고** 자생적으로 존재/영원할 수 있는 존재는 존재하지 않습니다. 그러므로 우리는 하나님을 개입시키지 않고도 "영혼은 영원하다"라는 식으로 말하지 말아야 합니다.

더욱이 우리는 사람이 죄 가운데 있다는 사실을 압니다.

"그는 허물과 죄로 **죽었던** 너희를 살리셨도다."(엡 2:1)

이 말씀에서 "죽었던"은 과거형이기 때문에 우리는 이미 죽어 있었습니다. "장차 죽을 운명이다"라고 말하고 있는 것이 아니라 "죽어 있었다"라고 말하기 때문에 이것은 장례식, 곧 사람의 통상적인 죽음을 일컫는 말이 아니라, 생래적인 우리 인생의 자연적인 상태, 곧 **죄로 말미암아 생명이신 하**

빈ㄴ그
Reddy

나님으로부터 끊어져 있는 상태를 가리킵니다. 우리는 애초에 죽어 있었습니다.

그러면 이때 죽어 있었던 것은 무엇인가요? 이 죽음이란 '육체'에게만 해당되고 '영혼'에게는 해당되지 않는 것입니까? 영과 육의 합일체인 우리 인간이, '육체'에 있어서만 죽어 있고, '영혼'에 있어서는 불멸인 것이 과연 가능한 것일까요?

그런 일은 불가능합니다. 에베소서의 말씀은 우리의 '육체에만 국한하여' 말씀하고 있는 것이 아닙니다. 오히려 우리는 **'몸도 영혼도 모두'** 생명이신 하나님으로부터 이탈하여 **죽음 가운데** 있었습니다.

*참고 : 한 좋은 예로 하이델베르크 교리문답 15주일을 들 수 있습니다. 37문답은 예수 그리스도의 사역을 설명할 때 "그분은……우리의 몸과 영혼을 영원한 저주로부터 구원하시고"라고 말합니다. 곧 그리스도께서 구원하신 대상이 된 우리는 "몸과 영혼" 전부입니다. 몸만이거나 영혼만이거나가 아닙니다.

우리는 이런 성경의 가르침을 통하여, '영혼 불멸'이라는 개념이 얼마나 애초에 **성경적이지 않고 플라톤적인지**를 깨닫게 됩니다. 우리는 너무 쉽게, 죽지 않는다는 것을 하나님으로부터 끊어지는 것과 별개로 생각하고 있는 것입니다. 많

은 신자들이 죽는다는 것을 성경으로부터 이해하는 대신 철학적 존재론의 방식으로 이해하고 있습니다.

그러나 성경이 가르치는 우리는 "정녕" 죽었습니다. 우리 첫 조상이 하나님과 맺은 언약이, 언약에 신실하지 않을 시에 "정녕" 죽을 것이라는 내용이었기 때문입니다(창 2:17, 개역개정에서는 "반드시"). 그리고 이 말씀에서 정녕 죽었다고 할 때 그 대상은 당연히 '몸과 영혼 모두'를 가리킵니다.

따라서 우리는 "몸은 사멸되지만 영혼은 불멸하다"고 말해서는 안 됩니다. 오히려 우리는 하나님으로부터 끊어졌기 때문에 **"몸도 영혼도 모두 죽었다"**라고 말해야 합니다. 심지어는 영혼이 사람의 육체의 죽음 이후에 그 존재가 지속되느냐를 놓고 "존재가 지속된다면 그것은 불멸이다"라고 말해서도 안 됩니다. 왜냐하면 성경은 죽은 영혼이 지옥에서 영원히 형벌 받는 것을 두고 '영생'이라고 말하지 않기 때문입니다. 즉 '영생'은 단지 '존재가 영원히 지속한다'는 의미가 아닙니다. 성경의 '영생'이란 **'영원히 생명(이신 하나님) 속에서 사는 것'**을 가리키는 말입니다. 존재가 지속되더라도 하나님 밖에 있다면 그것은 '영벌' 혹은 '영멸', 곧 영원한 형벌과 멸망일 뿐입니다. 이것은 '생명'이 아닙니다.

불멸 곧 불사는 오직 하나님만의 것

성경은 우리에게 '불사', 곧 '죽지 않음'은 **오직 하나님만이 소유한 것**이라고 말씀합니다. 디모데전서 6장 16절이 이렇게 쓰고 있기 때문입니다.

> "오직 **그에게만 죽지 아니함이 있고** 가까이 가지 못할 빛에 거하시고 어떤 사람도 보지 못하였고 또 볼 수 없는 이시니 그에게 존귀와 영원한 능력을 돌릴지어다. 아멘"

여기 디모데전서의 "죽지 아니함"이라는 단어는 헬라어로 **'아타나시아'**라고 합니다. '죽음'이라는 단어인 '타나토스' 앞에 부정 접두사 '아'가 붙어서 '아타나시아'가 된 것입니다. '죽지 않음', '불사', '불멸'의 의미입니다.

그리고 성경은 이 '아타나시아'를 "오직 그에게만 있다"라고 하였습니다.

그렇습니다. 성경은 '불멸' 혹은 '불사'를 하나님만 가진 속성인 것으로 표현합니다. 달리 말하자면, **하나님 외에는 그 누구도 죽지 아니함을 가진 이가 없습니다.** 하나님만 생명의 원천이시며, 하나님에게만 죽음이 없습니다.

모든 존재에게는 그 본연의 면에 있어서 하나님만이 가지고 계신 **고유의 '영원'**이 없습니다. 우리에게는 운명 지어진 죽음이 있으며, 오직 하나님께만 영원이 있습니다.

그러나, 그 불멸을 받음

하지만 성경에서 이 **'아타나시아'**를 추적해보면 대단히 놀라운 점을 한 가지 발견할 수 있습니다.

방금 말씀드린 대로 디모데전서 6장은 아타나시아가 "하나님께만 속한 것"이라고 말씀합니다. 하지만 신약 성경에서 이 아타나시아는 총 3번 나오는데, 디모데전서에만 한 번 하나님께 대하여 나오고, 나머지 두 번은 고린도전서 15장에 나오는데 여기에 놀라운 점이 있습니다.

> "이 썩을 것이 불가불 썩지 아니할 것을 입겠고, 이 죽을 것이 **죽지 아니함**을 입으리로다."(고전 15:53)

> "이 썩을 것이 썩지 아니함을 입고 이 죽을 것이 **죽지 아니함**을 입을 때에는 사망이 이김의 삼킨 바 되리라고 기록된 말씀이 응하리라."(고전 15:54)

디모데전서가 이 불사를 '하나님께만' 있다고 말한 것이 무색할 정도로, 성경은 오히려 세 번 중 두 번의 불사를 '성도에게' 적용하여 말합니다. 아타나시아는 '오직 하나님만의 것'인데, 놀랍게도 성경은 이 아타나시아를 '우리들에게' 적

韓

용하고 있는 것입니다. 왜 그렇습니까? 왜 고린도전서 15장은 하나님만의 고유한 아타나시아를 성도에게 적용하여 말하고 있습니까? **우리가 부활한 자들이기 때문**입니다!

고린도전서 15장은 "썩을 우리"가 "썩지 아니함을 입을 것"이라고 하고, "죽을 우리"가 "죽지 아니함을 입을 것"이라고 말씀합니다. 어떻게 썩고 죽을 우리가 썩지 않고 죽지 않는 것을 입을 수 있나요? 그것이 '우리 영혼의 자생적인 능력' 때문입니까? 아닙니다. 오직 우리를 대신하여 인생의 모든 죽음을 대신 짊어지신 그분 때문에, 우리가 죽음의 민낯을 격파하고 그분이 획득하신 영원한 생명, 곧 참되신 하나님께 완전히 접붙인 바 되는 '생명의 능력'을 얻게 되었기 때문입니다!

하나님 외에 아무도 '불멸'할 수 없으며, 영원이란 그분의 '고유한' 속성입니다. 그런데 황송하옵게도, 아무것도 아닌 피조물인 우리를 하나님께서는 그분의 고유한 이 속성에 참예시켜 주셨습니다. "사망이 이김의 삼킨 바 될 때"(고전 15:54) 우리는 불멸을 입게 됩니다. 결코 썩을 것에서 썩지 아니할 것이, 죽을 것에서 죽지 아니할 것이 나올 수 없지만, 오직 하나님께서, 또 그리스도를 통하여, 성령의 능력으로! 우리에게 이 불멸/불사를 주셨습니다.

그러므로 우리는 고백할 수 있게 되었습니다. 우리 선배들

이 먼저 고백한 그 길을 따라서 우리는 함께 고백합니다. "나는 영원한 생명을 믿습니다!" 이교도의 교리를 따라서 그렇게 말하는 것이 아니라! 내 영혼에 자가당착적인 불멸이 존재하기 때문이 아니라! 썩고 죽을 육체와 영혼으로서는 결코 이해할 수 없는 비밀과 신비를 입혀주신 삼위 하나님 때문에! 우리는 '영원'을 고백할 수 있게 되었습니다. 이 영원한 생명을 우리는 '이미' 받았고, 그 가운데 '살고' 있으며, 이제 다시 오시는 그리스도께서 모든 것을 성취하시는 날 그 완성을 '장차 받게' 될 것입니다!

지하철에서 내리기 전에, 잠깐 묵상

성경이 가르치는 마지막은 '소망의 마지막'이기 때문에 우리는 시한부 종말론자들과 다릅니다. 신자의 소망은 죄를 극복한 상태, 죽음을 이긴 상태가 영원히 지속될 것을 바라보는 소망입니다.
여러분은 지금 무엇을 근거로 하여 힘든 하루를 이겨내고 있습니까?

> "다시는 사망이 없고, 애통하는 것이나 곡하는 것이나 아픈 것이 다시 있지 아니하리니, 처음 것들이 다 지나갔음이러라." (계 21:4)

저는 어렸을 때 밀양 시내에서도 30분쯤은 더 버스를 타고 들어가야 하는 시골 마을에서 자랐습니다. 외항 선원이셨던 아버지께서는 집에 계시지 않았고 어머니도 벌이로 바쁘셨습니다. 요즘 도시의 아이들과 다르게 그때는 대부분의 아이들이 다 방치되어 자랐고 저 역시 그랬습니다.

어머니께서는 이 시골 마을에서 날이면 날마다 들판에만 뛰어다니던 제가 못내 염려스러우셨던지 어느 날엔가는 갑자기 저를 시내에 있던 주산학원에 보내셨습니다. 초등학교(그때는 '국민학교'였지요)를 다니던 때 그렇게 저는 학교 수업이 마치면 빳빳한 주산학원 가방을 들고, 30분에 한 대씩 오던 버스를 마을 어귀에서 마냥 기다리곤 했습니다.

지금에 와서도 왜 그렇게 불렀는지 도통 그 어원을 추적할 수가 없지만, 그때 우리 동네 사람들은 시내버스를 '마이클'이라고 불렀습니다. 어렸던 저는 동네 입구, 버스 정류장

표지판이 서 있던 거기에서 같이 학원을 다니던 아이들과 함께 그 마이클을 언제나 기다렸습니다.

코스모스를 따기도 하고, 딴 꽃잎을 다리 위에서 아래 개천으로 날려 보내기도 하고(코스모스 잎을 하나 건너씩 따 주면 높은 곳에서 떨어뜨릴 때 팽그르르 돕니다!) 겨울이면 꽝꽝 언 미나리꽝(미나리 밭을 그렇게 불렀습니다)에서 신발로만 얼음 스케이트를 타다가 물에 빠지기도 하면서, 먼지가 풀풀 날리는 길로 마이클이 오기를 이제나 저제나 하면서 바랐던 것입니다.

시골에서 버스를 타고 다니는 사람들은 자기 마을에 버스가 몇 시에 도착하는지 시간표를 다 알고 있습니다. 거의 어림잡아도 40년쯤 전 이야기지만, 저는 지금도 오후 3시 20분과 4시에 버스가 있었다는 것을 기억하고 있습니다. 하지만 시계가 없었던 우리는 대략 어림잡아 3시 근처가 되면, 혹은 4시 근처가 되면, 주산학원 가방을 들고 마을 어귀에서 그렇게 놀면서 버스를 기다렸고, 버스는 때로는 정시에, 때로는 조금 늦게 마을에 도착해서, 온통 먼지를 뒤집어쓴 우리를 태우고 아무 일도 없던 것처럼 그 자리를 떠나곤 했습니다.

사도신경 이야기를 마무리하면서 어릴 적 시골에서 마이클을 기다리던 때가 생각납니다. 어릴 적에 버스를 기다리던 그 시간은, 한편으로는 언제 버스가 올지 몰라 조마조마한 시간이기도 하면서, 또 다른 한편으로는 지금 하고 있는 이 놀이가 끝나기 전에는 버스가 오지 말았으면 하는 시간이기도 합니다. 한편으로는 가야 할 여로가 있고 해야 할 과업이 있지만, 또 한편으로는 지금 하고 있는 일이 무척 재미있고 신나기도 하는 그런 시간입니다.

우리가 이 땅에서 살아간다는 것은 이런 것입니다. 그것은 한편으로는 다가올 날에 대한 한없는 기대감이기도 하면서, 또 다른 한편으로는 이 땅에서의 삶이란 것이 우리에게 주는 커다란 기쁨 또한 있습니다. 저는 하늘거리면서 날리던 그 코스모스를 기억합니다. 먼짓발로 밟던 도로 표석들을 기억합니다. 버스가 오기 전 잠깐의 시간이지만 그 찰나에 아이들과 비석 치기를 하고 팽이를 던지던 일을 기억합니다. 그 시간들은 모두 그 자체로 향기로운 시간들이었습니다.

그러나 이 모든 일들은 '버스가 오기 전'까지의 일입니다. 마이클이 오면 아이는 손에 쥐고 있던 비석을 멀리 던져버리고, 팽이와 줄을 얼른 꾸겨서 학원 가방 속에 넣고, 또 찰박대면서 미나리꽝 곁을 얼씬거리던 발길을 얼른 돌려서 이 버스를 타야 합니다. 우리가 이 땅에서 살아간다는 것은 한편으로는 이 '버스가 오기 전'의 잠깐의 기쁨이면서, 동시에 '반드시 나아가야만 할 것'을 기다리는 삶인 것입니다.

여러분에게 인생은 무엇인가요? 그리고 여러분에게 '바른 신앙'이란 무엇입니까?

우리는 저마다 다 하나님께 '살아갈 날 만큼의 분깃'을 받았습니다. 그리고 우리는 이 땅에서 그것을 제 나름의 방식대로 잘 꾸려가면서 살아가고, 그것은 최후의 날에 하나님께 평가를 받을 것입니다.

하지만 어떤 사람은 코스모스 꽃 향기가 너무 좋아서, 비석치기와 팽이 놀이에 넋을 팔려서 마이클을 놓치기도 합니다. 궁극적으로 해야 할 일과 잠깐 즐거워해야 할 일을 혼동하는 것입니다. 삶은 우리에게 기쁨도 주고, 살아갈 힘이 되는 많은 요소들이 우리 주변에는 있습니다. 하지만 목표를 잃어버리지는 않으셨나요? 마이클이 오고 있는데 너무 내 시선은 얼마 남지 않은 땅따먹기에 팔려 버리지는 않았나요?

삶에의 중심은 '묵상'에서 옵니다. 우리는 '영원을 바라보는 법'과 '일상을 멋지게 살아가는 법' 사이의 균형을 '묵상'을 통해 이뤄냅니다. "삶이 너무 바빠요!" 하는 사람이 너무 많은 시대를 살아가고 있습니다. 하지만 영원에 투자하고 계신가요? 나는 마이클이 오는 것을 주시하면서 오늘을 살아가고 있습니까? 여러분에게 '지하철에서의 묵상'은 어떤 의미인가요?

이 작은 묵상의 다발들이, 삶에 파묻혀버린 여러분의 삶

속에, (비록 코스모스가 향기롭더라도) 하늘을 향해서 눈을 들어 올릴 수 있는 도구가 되기를 소망해 봅니다. 자, 이제 나가서 지하철을 탑시다. 하지만 우리의 마음은 동시에 저기 하늘에 있습니다.

지하철에서 읽는 사도신경

2022년 7월 30일 초판 1쇄 발행
2024년 10월 1일 초판 3쇄 발행

지은이 윤석준 한동현
펴낸이 오은혜
교정 이봉우 최윤정
디자인 스튜디오 아홉
펴낸곳 퓨리탄리폼드북스

등록번호 제2021-000034호(2017.6.12)
주소 충남 아산시 모종북로 22, 101-606
이메일 puritanbooks3@gmail.com
카페 https://cafe.naver.com/puritanbooks
페이스북 www.facebook.com/puritanbooks

ISBN 979-11-979311-0-9 03230